Madagasikara

Ilay Nosy any amin'ny Faran'ny Tany

John Cunningham

sy

Elaine Cunningham

ISBN 978-1-56344-858-4

Copyright © 2017 by Beacon Hill Press of Kansas City

Navoaka tamin'ny teny Anglisy fantatra amin'ny lohateny hoe:
> *Madagascar : Island at the End of the World*
> Nosoratan'i John Cunningham sy Elaine Cunningham
> Copyright © 1994
> Published by Beacon Hill Press of Kansas City
> A division of Nazarene Publishing House
> Kansas City, Missouri 64109 USA

Ity fanontana ity dia vokatry ny fiaraha-miasa miaraka amin'ny
Trano Famokarana Nazareana
Kansas City, Missouri (Etazonia)
Ireo teny indrana rehetra dia nalaina avy tamin'ny
Traduction par Ny Aiko RAVEL

Sasinteny

Dimy amby roapolo taona lasa, no nanitsahan'ny tongotro ny toerana iray miavaka indrindra eto an-tany. Tahaka ireo maro efa talohako, nanintona ny eritreritro i Madagasikara, ny fahatsapako rehetra, ny asako rehetra ary ny foko. Taorian'ny fivahiniana tamin'ny firenena 89 manerana izao tontolo izao, fianakaviana, namana ary olona mahazatra vaovao izay matetika te-hahalala hoe "Aiza ny toerana tianao indrindra?" Matetika, tsy misalasala, mamaly ilay Nosy Mena Lehibe. Mazava ho azy, te-hahalala izy ireo avy eo hoe aiza no misy izany … dia tena faly aho milaza amin'izy ireo. Tamin'ny Jolay 2017, Nazareana Malagasy sy vahiny no nitanjozotra nankany Antananarivo hankalaza ny faha-20 taonan'ny nanokafana tamin'ny fomba ofisialy ny fitaizana ankizy mpirenireny amoron-dalana Akany AMI4 any Madagasikara. Mba hanampiana ny fankalazana, dia nisy ny fangatahana avy tany Madagasikara handikana ny boky, Madagascar: Island at the End of the World (Madagasikara: Nosy any amin'ny Faran'ny Tany) ho amin'ny teny Malagasy sy Frantsay. Hanomboka hamaky ny tantaran'ny zavatra nataon' Andriamanitra ny nahaterahan'ny fiangonan'ny fahamasinana any amin'ny Ranomasimbe Indiana ianao.

Hatramin'ny antson'Andriamanitra nanomboka ny Septambra 1990 ho mpisava lalana ny asan'ny Fiangonan'ny

Nazareana tany Madagasikara, izaho sy Sandy, niaraka tamin'ireo zanakay vavy, Sara sy Jessica, nahita an'Andriamanitra niasa tamin'ny fomba mahagaga amin'ny antsipirihany, toe-javatra tsy ampoizina, ary fandaharam-potoana tena mahafinaritra. Raha nanontany anay ny Fiangonana, tamin'ny Septambra 1998, handray andraikitra vaovao tany amin'ny tany Afrikana, dia nieritreritra izahay fa ho vaky ny fonay handao ireo namanay Malagasy tena sarobidy. Zavatra iray no fantatray; ilay Andriamanitra niantso anay ho any Madagasikara dia hanohy hitarika sy hampahafantatra ny Fiangonan'ny fahamasinana izay naoriny, miaraka na tsy miaraka amin'ny Cunninghams.

Nampiseho ny planiny hanorina ny Fiangonan'ny Nazareana amin'ny alalan'ny andian'ankizy marobe mpirenireny amoron-dalana maro izay sahirana ao amin'ny renivohitry ny tanàna Andriamanitra. Taorian'ny dia maro fisavana lalana tany Madagasikara, dia nangatahan'ny Fiangonana nifindra tany Frantsa ny ankohonanay hanatrikana ny sekoly nianatra teny Frantsay mialohan'ny nahatongavana tany amin'ny Nosy Mena Lehibe. Raha mbola nijanona tany Eoropa nandritra ny heritaona ny ankohonanay, dia nangatahana i Ed sy Charleen [Charlie] DiSante iala tany Afrika atsimo ho any Madagasikara ary nanampy tamin'ny fampandrosoana ireo olona vaovao izay hitanay ary nanomboka niasa tamin'ny ankizy mpirenireny. Nanana fo feno fitiavana lehibe sady nanana fahaiza-manao nametraka ny planina ho asa ry DiSantes. Teraka ny Nazarene Compassionate Ministries International (asa fanompoana amin'ny fiantrana eran-tanin'ny Nazareana) sady voasoratra ho fikambanana nialohan'ny nandehanan'izy ireo nody nanao asa tany amin'ny firenena niaviany.

Nialohan'ny nifindrana tany amin'ny nosy lehibe fahaefatra eran-tany, dia nivavaka aho mba omen'Andriamanitra paikady hananganana ny Fiangonany, nialohan'ny nipetrahana teo amin'ny renivohitra, dia nasehon'Andriamanitra ny filana. Nisy singa fototra maromaro napetrak'Andriamanitra haorina amin'ity firenena nosy ity. Tena ivon'ny planinay dia mametraka mandrakariva an'i Jesosy ambony ary hampiakatra Azy avo amin'ny fankalazana rehetra izay atao, fanompoana sy fampianarana. Tanjonay ny hamantatra sy hanofana ny vahoaka Malagasy ny fahafenoan'ny Fanahy Masina izay mahatsapa ny Antson' Andriamanitra eo amin'ny fiainany sady maniry ny handray ny fitarihana amin'ny fiangonana izay mandroso be. Nanoratra tao ampoko ny filana miverina tamin'ny fanaon'ny Testamenta Vaovao Andriamanitra izay fototry ny fiangonana hitombo aingana amin'ny fanaovana vondrom-bavaka. Ny tsirairay amin'io vondrom-bavaka io no hanorina ny Fiangonana ary hanana mpitarika atao hoe Mpiandry ondry miaraka amin'ny mpitarika mpiomana eo am-piofanana. Richard sy

Therese Ravelomanantsoa no mpikambana Nazareana voalohany sady Mpiandry ondry tany Madagasikara.

Hovakianao ny fomba nitondran'Andriamanitra ahy sy Richard ary Therese niaraka. Nanomana azy ireo ho amin'ny antsony vaovao Andriamanitra. Mbola fotoan'Andriamanitra indray izany. Tamin'ny fanombohan'ireo taona ireo, izaho sy Richard dia nandany fotoana niaraka efa saika isan'andro. Nampianatra ahy betsaka mikasika ny kolotsaina Malagasy sy ny fomba tsara hanaovana zavatra izy… ary nanitsy ny gramera frantsay isan'andro izy. Nararako taminy ny traikefako rehetra, fitiavako ary ny fahalalako momba ny fiangonana sy ny Soratra Masina ho ao am-pony sy ho amin'ny fiainany. Nandany ny fotoanany niaraka tamin'i Therese i Sandy. Tena nanana fifandraisana tsara i Therese ary nahalala tsara izay tokony ifandraisana hahavitana zavatra. Niaraka, nanangana ekipa Andriamanitra.

Nandroso tamin'ny alalan'ny fampitomboana ny Fiangonana. Variana ny olona tany ivelany rehetra. Tsy ela dia tsapako fa mila fanampiana bebe kokoa izahay. Raha nanatrika konferansa tany Afrika atsimo aho, dia nangataka an'i Tom sy Lauralee Nothstine hivavaka ho avy hanampy amin'ny fampianarana teolojia ireo Mpiandry ondry mpitandrina vaovao izay nanananay …ary nitombo isa hatrany isam-bolana. Nanaiky ny antson'Andriamanitra i Tom sy Lauralee ary nifindra namakivaky ny lakandranon'i Mozambika avy any Swaziland. Fanampiana toy inona ny fanomezan'i Tom ny fanofanana ara-teolojika. Niditra avy hatrany i Lauralee ary nanampy an'i Charlie tamin'ny fanofanana teny Anglisy ESL. Nitombo hatrany ny ekipa.

Tamin'ireo taona [izay fohy] nitoeranay tany, dia nahita mpanao asa an-tsitrapo sy ekipa mpanao asa vavolombelona (Work & Witness) tonga sy lasa izahay. Tao amin'ny fifindrana tany Madagasikara Andriamanitra! Radio, fitsaboana, ary asa fanompoana amin'ny fiantrana no natomboka sy nampandrosoana. Voatsangana ny Distrikan'i Madagasikara sy ny asa fanompoan'ireo nahazo alalana manerana ny nosy. Betsaka ny zava-bita nandritra ireo taona marona ireo fa tsapanay fa Andriamanitra irery ihany no nandrindra izany. Amin'izao fotoana izao ry Cunninghams, DiSantes, ary Nothstines dia miverina any amin'ny fireneny, kanefa Andriamanitra dia manangana misionera maro izay tonga nanompo miaraka amin'ny mpitarika Malagasy. Mpanompon'Andriamanitra voahosotra i Richard sy Therese, miaraka amin'ireo Malagasy vehivavy sy lehilahy maro. Feno laika lehilahy sy vehivavy voamasina ny distrika. Manompo amin'ny maha-Mpitantana Distrika azy Richard ary talen'ny Akany AMI4 izay manompo ankizy an-jatony maro novonjena i Therese. Ny sasany amin'ireo ankizy voalohany izay noraisina tao amin'ny Akany AMI4 ... dia efa manompo amin'ny maha-mpampiatra azy amin'io akany io ihany. Ankizy mpirenireny teo aloha no efa mpanompo voahosotra amin'ny asa fanompoana ary lasa mpitandrina eo anivon'ny distrika izao. Deraina ny Tompo noho izay rehetra efa nataony nandritra ny taona maro tany Madagasikara! Mbola mihetsika FOANA Andriamanitra! Aleloia!

John Cunningham, Jiona 2017

Sasin-teny ny edisiona

1994

Misava-làlana toerana iray, mandeha amin'ny toerana tsy dia mbola nandehanan'ny maro, mitaky karazana misionera manokana ny manokatra toeram-baovao. I John sy Sandy Cunningham nefa toa efa voatefy ny amin'izany karazana asa izany. Nandritry ny roa taona niasana tao amin'ny faritra Afrika Atsimo, ny Cunninghams dia nampandroso ny asa tao Ciskei ary nanokatra asa tao amin'ny Repoblikan'i Transkei, samy fanjakana mahaleo tena ao anatin'ny sisin-tanin'i Afrika Atsimo.

Mpandraharaha i John. Hita taratra ao amin'ny toetrany ny fikirizana, ny fahavononana, ny herimpo, miharo finoana tsara an'Andriamanitra, ary fahatsapana ny fitarihan'ny Tompo. Sandy dia mpikarakara tokantrano malemy fanahy, reny mahafinaritra, ary mpanohana mahery sy mitandrina ny asa fikasihana ataon'ny vadiny.

Madagasikara, ilay firenena tsapany fa miantso azy ireo, dia iray amin'ireo faritra mitokana lavitra indrindra eto amin'izao tontolo izao. Nosy lehibe i Madagasikara, mbola lehibe noho ny fanjakan'ny Californie sy Washington mitambatra. Toerana lehibe, malaza noho ny zava-maniry sy ny biby ao aminy, mbola voatahiry tamin'ny andron'ny fahagola noho izy mitokana. Ankehitriny, nanokatra ny varavarany ho an'ny Fiangoanan'ny Nazareana izy.

Ity boky ity dia mitantara ireo dingana voalohany tamin'ny fanorenana ny Fiangonan'ny Nazareana. Mijoro vavolombelona momba ny fomba mazava sy malalaka ny fitarihan'Andriamanitra. Diapenina nokalian'i John sy ny reniny, mahavariana ny mamaky azy. Mampahafantatra mikasika ny antson'ny misionera amin'ny fiaraha-monina misy ankehitriny. Mijoro vavolombelona ny amin'ny maha- matoky ny olon'Andriamanitra. Mamela antsika ahalala ny fandehan'ny iraka amin'izao vaninandro moderina izao. Tsy misy amin'izay mamaky ity boky ity no hiala amin'ny fitiavana sy hazavana niainan'ireo izay manambara fa manana fahafahana ho an'Andriamanitra. Ny fitiavana, ny vesatra ho an'ny hafa, ary ny hetaheta te hikarakara rehefa mitondra ny Filazantsara, dia mampisy aingam-panahy ary mandrisika tokoa. Rehefa voavakinao ity boky ity, dia hanana faniriana te ho ampiasain'Andriamanitra ianao, ary hanana fahatsapana sy vesatra lalina hivavaka ho an'ireo miroso amin'izany asa izany.

    Richard F. Zanner
    Talen'ny Faritra Afrika
    Martsa 1993

Fampidirana

Madagasikara dia miavaka amin'ireo tany hafa eto amin'izao tontolo izao. 1500 kilometatra ny lavany ary 600 kilometatra ny sakany, anisan'ireo nosy lehibe indrindra maneran-tany izy, aorinan'i Groenland, New Guinea ary Borneo. Biby tsy manam-paharoa sy zavamaniry maro no hita ao Madagasikara irery ihany. Morontsiraka feno vato, valan- javaboahary tropikaly, raketa miparitaka eran'ny tany efitra, lalan-kavoana miolakolaka, masoandro, torapasika, tendrombohitra, ahi-lemaka rakitra ala, izany rehetra izany no manome karazana ara-jeografika tsy manan-tsahala azy. Kanefa na eo izany fahatsarana ara-boajanaharin'ity tany ity izany sy ny mponina ao aminy, dia mijaly noho ny faharatsian' ny tahotra lalim-paka sy ny finoanoam-poana izy. Miparitaka ny fivavahana amin'ny razana. Olona an-tapitrisany mbola tsy nandre ny filazantsaran'i Kristy.

Tamin'ny taona 1990 nametraka vesatra ho an'ity Nosy lehibe ity tao am-pon'i John sy Sandy Cunningham Andriamanitra, mpivady mbola tanora nanompo amin'ny maha misionera azy tao amin'ny faritry Afrika Atsimo. Ity ny tantaran'izy ireo, nosoratan'i John sy ny reniny. Ary hita ihany koa ny tantaran'i Madagasikara, ny tantarany, ny mponina ao aminy, ary ny fanamby apetrany amin'ny Fiangonan'ny Nazaraena.

Ny boky, manomboka amin'ny tantara efa nitranga tamin'ny 400 taona taorian'i Jesosy Kristy, tamin'ny fotoana nahatongavan'ireo mpifindra monina voalohany, ny sasany avy any Indonezia, lalana avy amin'ny sisin-tanin'ny Afrika Atsinanana, nitady fanamaivanana amin'ny fampahoriana sy fahantrana. Ireo mpahay tantara dia mihevitra fa manodidina ny fotoana nahaterahan'i Kristy, ireo mpiavy voalohany dia nandeha tamin'ny lakana niainga avy tamin'ireo vondrona sy nanamorona ny morontsika avaratry ny Ranomasimbe Indianina. Nanorim-ponenana teny amin'ny morontsiraka atsinanan'i Afrika, fantatra amin'ny hoe Kenya sy Tanzania, ankehitriny. Efa-jato taona aty aoriana, ireo mpandehandeha miteny Bantu, ny Indoneziana-Arabo-Afrikanina mifangaro no nitady fialofana tao amin'ny nosy mena lehibe, fantatra amin'ny hoe: Repoblikan'i Madagasikara, ankehitriny.

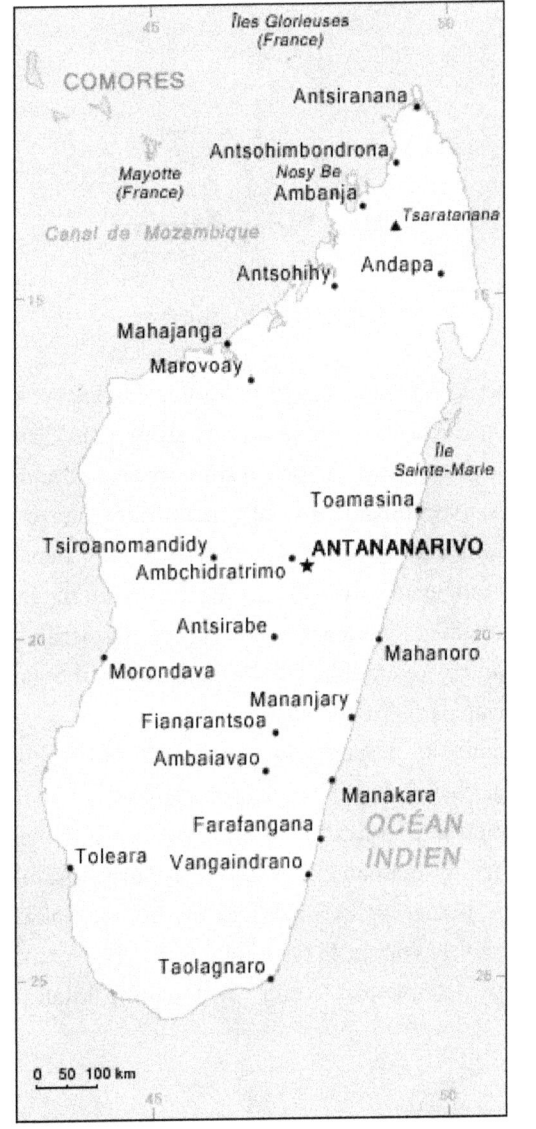

1

Ilay Nosy Mena

A. D 400 Desambra

Nandalo mangina nandrity ny alina ilay lakana kely mirefy 18 metatra, ny onja namely ny sisiny roan' ilay lakana hazo rehefa nanapaka lalana teo amin'ny lakandranon'i Mozambika. Ndrianbalo, tovolahy manifinify nanao ny anjarany tamin'ny fanamoriana, sady nijery ny fianakaviany natory, tao anatin'ny vahoaka be ery amin'ny faran'ilay sambo miaraka ny fianakaviana hafa avy any Afrika. Ny hodin-tavan'izy ireo miloko volontsokola toa mamiratara noho ny hazavana amin'ny diavolana.

Ndrianbalo nibanjina am-pitiavana ny vadiny, Isoanihanda. Ny volony miloko mainty, sady lava no mamiratra, mikorontana sy voasafotofototry ny rivotra, rano masira mitifitra, ary ny masoandro. Amin'ny alalan'ny oram-baratra sy ny fitoniana, izy ireo nandeha efa ho antsasakin'ny fitsingerenan'ny volana, fa tsy nitaraina izy. Ny vatana keliny tsy ampy fitsaharana, reraky ny fanamby hitandrina ny lehibe, ny ankizy, ny omby ho velona mandritry ny herinandro maromaro eo ambonin'ny ranomasina. Raha tsy mamonjy tanety aingana izy ireo, dia fantatr'i Ndriambalo fa ho faty. Ny rano ao amin'ny fitehirizana efa ho ritra, ny oviala, ny akondro, ary ny mangahazo efa ho lany.

Ny ankizy matory tsara, ery amin'ny farany ny sambokely izay tena malalaka tokoa, voahodidin'ny vilany, fitehirizan-drano, gonim-bary sarobidy, mangahazo, oviala hambolena, ary omby misy trafo voafatotra amin'ny tady ny trandrony. Masy, zanaka vavin'i Ndrianbalo, 10 taona, nandeha natory. Ilay volony mainty lavabe namaritra ny tarehin'ny voapetipetina tahaka ny voaloboka. Lambaoany maloto kely nandrakotra ny vatany manify. Ny anadahiny enin-taona Mbola, nandry nifanosona eo anilan'i Masy, niaraka natory eo izy ireo mandritry ny tontolo andro lava sady mafana. Irery ary voaaro eo amin'ny lohan'ny sambo ireo taolan-drazana voafono tsara ny fianakaviana tsirairay avy.

Nijery niakatra an'ilay ravin'ny rafia mihevaheva i Ndrianbalo. Vao tafapetraka, dia nitete ilay lamba efa tonta mitsipitsipika nahevaeva teny amin'ny rivotra. Nitony ilay rivotra nitsoka nitondra azy ireo nievaeva teny an-dalana. Amin'izao, ny riandrano ihany sisa no nitondra azy nizotra nianatsimo, manohitra ny sandrin'i Ndriambalo miatsinana amin'ny familiana vita amin'ny hoditra zahatra. Na dia nampiadana ny dian'izy ireo aza izany, dia feno fankasitrahana i Ndrianbalo taorian'ilay rivodoza tropikaly mahery vaika namely azy nandritra ny alina. Tao anatin'ny fotoana kely, dia natahotra izy fa ho very izy ireo rehefa nianjera tamin'ny sisin'ny sambo ny onja vaventy be. Velo-pankasitrahana daholo izy ireo afaka namatotra tamin'ny tady mazaka ny lafiny roa nialohan'ny nialany ny morontsiraka. Nandrovitra ny lay ny rivomahery ary nanosika mafy ny sambo hivarina any amin'ny ranomasina. Nangovitra izy noho ny rivomahery niaro rivotra mangatsiaka, tsy zatra ny alina manitsy. Nafana be ny alina tany amin'ny toerana niaviany. Tany amin'ny lakandranomasina, nahatsemboka ny andro fa nangatsiaka kosa ny alina.

Niha-nazava ny vodilanitra. Nisy avana niloko samihafa ary nitaratra toy ny volamena ny rano, nitaratra mafy ny mason'i Ndrianbalo rehefa nanatrika ny atsinanana izy. Nakipikipiny sady notakonany ny masony. Inona io sary tazandavitra io? Mety ho tany io? Niha-nazava hatrany ny lanitra. Niseho ny vato mena sy ny tany. Mety ho ilay nosy mena izay tadiavin'izy ireo ity? Tena tany mihitsy ity. Tena tany sady tany feno ahitra nameno ny morontsiraka. Tao ambadik'izany, dia afaka nahita ny tany niakatra tany atsinana izy.

"Jereo!" nihiaka mafy tamim-pahangovitana izy, namoha ny olon-drehetra. "Tany ity etsy aloha etsy ity. Efa ho tapitra ny dia lava reny nataontsika."

Nampahazo ny morontsiraka ny sambo hazo tamin'ny rano feno fotaka mena noho ny sampan-drano ihaonan'ny rano sy ranomasina izay manaraka ny sisiny andrefan'ny morontsiraky ny nosy i Ndriambalo sy ireo namany mpiaradia taminy. Raha niolomano Ndriambalo sy ny namany, nanatsotra nanala vizana ny tongony, dia nisy andiana sokatra lehibe nihaona taminay. Tanalahy sy antsata nandeha haingana nanarona azy. Vorombe otrista, indroa amin'ny haavon'ny olona, nihazakazaka haingana dia haingana raha vao mahita olona manatona azy. Vano, lava fe mahia, fe mavokely mievaeva amin'ny rivotra sady mitroka rano amin'ny vavany lavabe eny amin'ny morondrano, izay tampotampoka eo dia lasa manidina. Voay, mitaninandro eny amoron-drenirano, nisoka moramoramora midina ao anaty rano, namela endrika – V mazava rehefa nandeha lalindalina kokoa izy, any amin'ny lalina maizina kokoa.

Ny gidro izay maranitra orona dia tia mipetraka eny ambonin'ny hazo, lehibe sady mangarika maso, ary maintyfotsy mitsipika ny rambony mifanisika miakatra haingana eny ambony hazo, taitra noho ny fijerin'ny olona tsy mahazatra azy. Voatsindrona, nipoitra ny biby misy tsilo manindrona dia ny sokina. Kely dia kely voafehin'ny tanana, sarokenatra, biby kely mampinono mamihana ny zanany toy ny baolina amin'ny tenany hiarovana ny mpanafika.

Noho ny taratry ny fasika fotsy dia manomboka mihamafana rehefa miakatra ambony ny masoandro. Eo ambanin'ny hazo baobaba, maka aina Ndrianbalo sy ny ankohonany, tsemboka ao anatin'ny moka sady nihaino ny feon'ny jorery anaty hafanana, misy rivotra mafana. "Tahaka ny nambolena mivadika izany hazo izany", hoy Isoanihanda. Nanondro baobaba izy, lehibe noho ny elefanta roa miaramijoro ny vodiny.

Noho ny taratry ny fasik Ny bikan'ny firenena

"Marina ny anao," hoy ny vadiny. "Tahaka ny fakany no mijanona ety ambony amin'ny rivotra." Rehefa nanaraka ady hevitra lava, dia nanapa-kevitra ny vondron'ny lehilahy fa hilasy eo ambanin'ny hazo ary avy eo, hanaraka ny renirano midina mba ahitana izay itarihany azy.

Andro manaraka, dia nahita loharano nivoahan'ny rano manaraka ny zotran'ny renirano misosa tsikelikely miakatra hatramin'ny taza-maso izy ireo. Taorian'ny dia herinandro, niova ho tendrombohitra feno hazo ilay ambanivohitra vakivaky teo. Tamin'izany, niranirany avo tamin'ny ilany roan'ny renirano ny tendrombohitry ny vato nitsangana. Tendrombohitra nifanelanelana amin'ny faravodilanitra no niolakolana nanondro ny lanitra. Miadana, nanaintaina ny dia izay naharitra herinandro maromaro. Matetika dia hafindra ny olona sy ny biby fiompy ary entina amin'ny sambo manodidina nandalo vatobe sy riandrano nianjery. Ny rivotra izay nandoro ny tenda tamin'ny tany vakivaky dia nanjary rivo-malefaka amin'ny toerana ambony. Andro nampahazo aina ny masoandro nibaliaka nandritra ny andro. Nanavao ny hery amin'ny dia manaraka ny alina mangatsiatsika. Indraindray, nandany ny alina amin'ny sisindrano misy andiana moka sady misy voronkely misiotsioka. Indray alina dia nisy feo nikiakiaka mafy nanelingelina ny alina. "Vonjeo! Vonjeo aho!" nihiaka i Masy.

Nitsambikina sady nandray hazo i Ndrianbalo. "Inona izany?"

"Misy bibilava mandady amin'ny tongotro," nigogogogo ilay tovovavy.

Tao anatin'ny diavolana mazava be, dia nahita zavatra nandady haingana avy ao amin'ny ranjon'ny zanany vavy Ndrianbalo. Nampiasa hazo izy nikapohana ilay bibilava mandra-pahatonga ilay izy tsy nihetsika intsony. Telo avo heny ny halavan'i Masy. Rehefa fantany fa tsy nanaikitra azy ilay izy, dia nampitony ny tahotr'i Masy i Ndrianbalo sady natory indray teo amin'ny tsihiny.

Ny ampitso maraina dia nihentanentana ery ny ankizy nitondra atody ngezabe teo amin'ny dadany. "Jereo ange, Dada, hitanay tao ambadiky ny tsilo raketa ity."

Nandinika ilay atody ngezabe i Ndrianbalo. Avo folo heny amin'ny atodin'y ostrista efa hitanay tany Afrika ny habeny, mavesatra lavitra noho ny voatavo. "Atody avy amin'iray amin'ireo vorona ngezabe hitantsika raha vao tonga voalohany tamin'ity toerana ity angamba ity," hoy izy. "Handeha ampangotrahana ary dia hanao fety isika." Nanjary fahazoana hena vaovao koa ny tanin'ny sokatra, nandrahona tamin'ilay vilany be ary naroso tamin'ny ravina vaovao hita azo hohanina koa.

Manaraka ny fizotran'ny renirano, tonga tamin'ny toerana farany azon'ny sambo nandehanana ny mpifindra monina ary nijoro tamin'ny tongony, nitondra ny sambo lehibe, miaraka amin'ny entana sy ny taolana, eny ambonin'ny tendrombohitra, nitondra ny biby fiompy niaraka tamin'ny sakafony sy ny fananany rehetra. Nidina niantsinana avy amin'ny havoana misy hantsana, nanori-ponenana teo akaikin'ny farihy teo afovoan'ny ivon-tanin'i Madagasikara izy ireo ary nomeny anarana hoe Alaotra, izay midika hoe "ranomasimbe."

Noho ny fanampian'ny ankohonany, nanorina efitra iray voafaritra amin'ny tsatokazo i Ndrianbalo, nameno tanimanga tsy hisian'ny elanelana eo amin'ny fatana fataka. Nanisy fefy itazomana ao anatiny ny biby izy. Avy eo, nahatsiaro ny lova nafindran'ireo razany tamin'ny taranaka nifandimby nentiny avy amin'ny nosy nihaviany izy, nikarakara ny toerana hambolena vary ny lehilahy. Nanorina rindrina ambany tamin'ny tanimanga avy amin'ny vato mena manodidina ny tokontaniny izy, avy eo dia nandavaka lalina avy tamin'ny renirano niakatra teo antokontany. Teo amin'ny zorony kely, namafy miaraka ny voambariny matevina i Ndrianbalo. Nony avy eo dia nalefany ny rano nandeha lalina sady nanondraka ny taniny mandra-pahatonga teo amin'ny lohalika. Afaka andro maromaro, nihanahalana ny voambary nafafy ary nafindra tamin'ny tanana tamin'ny toerana lehibe, tondra-drano ny tanimbary, nahatratra 15 sentimetatra ny tahony iray. Efabolana taty aoriana dia masaka hojinjaina ny vary. Naka hazo maranitra koa i Ndrianbalo ary nanapotika ny tany nambolena vomanga sy mangahazo. Tena tian'ny ankohonany ny nihinana vomanga, ary nanamboatra ny mangahazo ho tapioka koa izy.

Tsy nitondra ny vady aman-janany tamin'ity tany vaovao ity fotsiny i Ndrianbalo fa nitondra koa ny fototry fomba amam-panaony —fahaizana mamboly vary, fahaizany nizatra amin'ny lakana, sy ny fitiavany mozika. Nitondra ny fanompoana ny razana koa izy ary ny tahotra ny fanahin'ny maty. Iray amin'ireo zava-dehibe nataony teo amin'ny tany vaovao dia ny manorina, miaraka amin'ireo lehilahy hafa, fanaronana ny taolambalon'ny razana eo ambonin'ny lakana lehibe. Ny fanantenan'i Ndrianbalo tokana ho an'ny ho avy dia ny zanany hanompo azy tahaka ny hanompoany ny ray aman-dreniny sy ny dadabeny sy renibeny.

Namokatra tokoa ny tanimbarin'i Ndrianbalo, ary nitombo ny vomangany. Nahafantatra ny vadiny izy ary faly ny zanany. Nahafantatra ny razany izy fa ho faly ireo. Ny hany zavatra tokany tiany dia hiaina am-piadanana nandritra ny taona maro mandra- pandeviny zanany azy sy hivavahany aminy.

Lasa ny vanimpotoana misy rivo-doza. Imbetsaka i Ndrianbalo no narary noho ny hatsiaka ary tsemboka noho ny aretina tazo. Farany, namindra ny ankohonany tany amin'ny ivon-tany ambony kokoa izy, andrefana sy atsimon'ny farihin'Alaotra, nanantena toetrandro hafa mety hanampy hahafaka ny aretina. Nampiakatra am-pitandremana ny taolambalon'ny razany avy amin'ny lamba efa simbasimba, nofonosina avy tamin'ny lamba, ary nentin'izy ireo tamin'ny omby nandeha tany an-tranony vaovao. Ao amin'io toerana vaovao io, dia nahita toerana fandevenana izy ireo, ivon-toerana fanompoan-tsampy ivavahan'ny ankohonana. Natao tamin'ny vatovoapaika ny fasana. Ravahany ny ivelan'ny fasana amin'ny fandokoana sy hanaovana sikotra hanehoana ny tantaran'ny razana. Fantatr'i Ndrianbalo, fa aorian'ny fahafatesany, dia hilaza ny tantaram-piainany ny ankohonany amin'ny fandokoana sy fanaovana sary hosodoko ary sary sikotra amin'ny hazo eo ivelan'ny fasany. Rehefa niha-antitra izy, dia nanome toro-marika ny zanany lahy amin'ny fambolena vary sy mangahazo ary ny fiompiana sy fikarakarana ny ombin'izy ireo.

Amin'ny andro mafana mandritry ny fahavaratra, voadona ny handrin'i Ndrianbalo. Nirehitra toy ny afo ny hodiny miaraka amin'ny fanafihan'ny hovitry ny fanaviana sy ny hatsembohana. Nivembena nandroso sy niverina izy, nandoa sady reraka, niezaka ny hiverina hody any an-trano. Niparitaka toy ny fikopakin'ny rivotra ny ravin'ny hazo rofia miodikodina toa manao faribolana. Nihiaka mafy izy noho ny fanaintainana. Narary ny vanin-taolana tsirairay, sady niakatra hatrany amin'ny lohany ny fanaintainana rehetra. Nihovitrovitra tsy voafehy ny vatany, toy ny trandraka manitsana rano hanamaina ny tenany. Niantso mafy an'i Isoanihanda izy. "Vonjeo! Vonjeo!" Nanindrona tena nanaitra ny fanahy. Niteniteny foana sady fanina, nianjera tamin'ny tany izy sady tsy nahatsiaro saina.

Raha vao nahita ny vadiny i Isoanihanda, dia nijanona ny fiainany. Nitomany sy nidradradradra, niantso ny ankizy izy. "Maty ny dadanareo." Tonga nihazakazaka i Masy sy Mbola ary niankohoka teo amin'ny vatan'ny rainy, nigogogogo tamin'ny tahotra.

Noho ny fanampian'ny ankizy, namono am-pahalemena ny vatan'i Ndrianbalo i Isoanihanda tamin'ny vata mifono lamba tena tsara ary napetraka tao ampasana izay efa nomaniny izy.

Matetika i Isoanihanda sy ny zanany no nitondra fanomezana manokana eo ampasana. Nino izy ireo fa mbola anisan'ny manana toerana lehibe eo amin'ny ankohonana i Ndrianbalo, ary nanao izay rehetra azony natao izy mba tsy lasa mpaniratsira ny rainy. Ny finoan'izy ireo dia mifantoka amin'ny manodidina ny fasana. Tsy nahalala izay fitsanganan'i Kristy amin'ny maty izy, izay nandao ny fasana mba hahazoana fiainana mandrakizay.

2

Ny famadihan-drazana

A. D. 450 to the 1990s

Nandeha ny taona. Ralambo, iray amin'ireo taranak'i Ndrianbalo, no tompon' andraikitra tamin'ny fametahana ny anaran'ny faritra hoe Imerina, izay midika hoe "ilay toerana afaka mahita lavitra". Izany no natao satria ny tananany dia miorina eo ambony tendrombohitra. Ny zanakalahin'i Ralambo no tompon'andraikitra tamin'ny fihazonana sy ny fanovana anarana ny tanana, izay renivohitry ny firenena ankehitriny, dia Antananarivo. Manodidina ny taona 1800, ny fanjakan'ny Merina no nanapaka be indrindra teo amin'ny nosy. Nandritra ny tolona ho an'ny zanatany Eoropeana ny 1800, dia nataon'i Frantsa zanatany i Madagasikara. Tamin'ny 1960 nahazo fahaleovantena tamin'i Frantsa ny Malagasy ary nifidy ny filohany voalohany.

Tamin'ny 1820 no nahatongavan'ireo misionera voalohany nalefan'ny "London Missionary Society". Fotoana fohy ihany anefa dia maty noho ny tazomoka ny telo tamin'izy efatra. Misionera maro hafa no tonga taorian'izay. Na dia teo aza ny fanenjehana mafy, anisan'izany ny martiora an'arivony niova ho Kristiana.

Ankehitriny, 50% milaza ny tenany ho Kristiana, ny antsasany Katolika, ny vondrona hafa ao ambanin'izay elo Kristiana izay ny Loteriana, F. J. K. M, Anglikanina, Advantista, Batista, ary ireo vondrona Pentekotista maro samihafa. Tsy misy mihitsy fiangonan'ny fahamasinana ao amin'ny nosy. Ny 50% hafa ny mponina dia ireo mivavaka amin'ny fanahy (manompo razana) sy ny Silamo. Ao anatin'ny mponina 12 tapitrisa, efa ho antsasany no mbola tsy nandre mihitsy ny filazantsara.

Mitokana eo anatrehan'izao tontolo izao ary afaka tanteraka amin'ny biby mihinana biby tahaka azy ihany, Madagasikara dia tany hafakely amin'ny zava-maniry sy ny biby. Maro karazana miavaka, tsy mahazatra hita ao amin'ny ala atsinanana. Ny ankamaroany aza dia tsy hita n'aiza n'aiza eto an-tany. Manan-karena amin'ny biby mandady ny firenena, kanefa tsy misy bibilava misy poizina. Roa am-pahatelon'ny tanalaha eto amin'izao tontolo izao, no miaina eto Madagasikara, miaraka amina andiana bibikely hafahafa. Maherin'ny 300 karazana ny lolo sy samoina no tsy hita hatraiza hatraiza afa tsy ao amin'ny Nosy Mena ihany. Tsy ahitana olona mihinana biby, afats' ilay voay very tsy hita, ao amin'ny nosy. Maki (avy amin'ny teny Latina lemures, midika hoe matotoan'ny maty) dia tsy hita n'aiza n'aiza eran'izao tontolo izao. Miaraka amin'ilay lohana amboahaolo, sy rambo lava mitsipitsipika, miakatra ambony hazo izy ireo ary mitsambikina avy eny ambony hazo.

Sokina feno tsilo, biby tahaka ny sokina kely, no tranainy indrindra amin'ny biby mampinono ary tsy manam-paharoa afa-tsy eto Madagasikara.

Ravinala, hazo nasionalin'i Madagasikara

Manodidina 1,000 karazana ny orkide maniry ao, miaraka amin'ny rofia, ebene, ary zava-maniry tsy mahazatra maro. Ny Ravinala, hazo nasionalin'i Madagasikara, mitahiry ranonorana ao amin'ny vatany, voahangon'ny raviny voarafitra, mba hararaotin'ny mpandeha lavitra mangetaheta.

Ny bikan'ny firenena dia ahitana faritra telo izay manomboka any avaratra hatrany atsimo manaraka ny halavan'ny nosy. Ny iray dia tany mafana miendrika lemaka teritery lavalava manaraka ny morontsiraka atsinanana, manamorona ny Oseana Indiana, miaraka amin'ny rotsa-korana mahery ny 3 metatra isan-taona. Ampahany amin'ity faritra ity dia tena ala mikitroka tokoa, mety tafakatra hatramin'ny 6 metatra ny rotsa-korana. Ny olona any an-toerana dia milaza fa vanim-potoana roa no misy: ny fahavaratra sy ny vanim-potoana rehefa mirotsaka ny orana. Ireo rivo-doza dia mitranga matetika ny janoary, febroary ary martsa, vanim-potoana mafana. Anisan'ny faritra hafa koa ny faritra ambony, tendrombohitra, izay ahitana toetrandro antoniny sy andro mafana ary alina mangatsiaka noho ny haavony. Ny fahatelo dia tany maina amin'ny faritra andrefan'ny nosy sady malalaka, lemaka sy havoana ny any ary tany efitra kosa ny any atsimo.

Fiezahana mitahiry no ataon'ireo vondrona olona sasany, mitahiry ny valan-javaboary sy ireo zava-manan'aina tsy fahita afatsy any Madagasikara. Misy amin'ireo biby mitady ho lany tamingana, toy ny aye-aye, no voavonjy tamin'ny alalan'ny fiompiana tahaka ny babo. Ny aye-aye izay tena miavaka dia lazaina fa toy ny namboarina avy amin'ny ampahan'ny biby hafa rehetra: rambon'ny biby "écureuil", sofin'ny ramanavy, nifin'ny totozy, ary tanana kely afovoany andraisana ny zava-drehetra. Maro amin'ny Malagasy no matahotra aye-aye noho ny rantsan-tanany toy ny taolana ary mamono azy ireo na aiza na aiza izy ireo no ahitana azy.

Ny tena vokatra ao Madagasikara dia ny vary. Hohanina in-telo isan'andro, ny isam-batan'olona dia mahalany antsasa-kilao isan'andro. Taretra, fary, katsaka, voanjo ary paraky ihany koa dia vokariny ho jifain'ny mponina. Vokatra hafa aondrana ny kafe, ny zava-manitra ary ny lavanila. Ny lavanila dia orkide. Ny voninkazo aminy dia tsy maintsy afindra amin'ny tanana ny voniny, hatramin'izay nampidirana azy ireo avy any Mexique dia tsy nitondra ny bibikely mifanaraka amin'ny fanaovam-bovoboniny. Ny tahona lavanila dia tangosana mbola maitso ary hamainina moramora mandritry ny herinandro maromaro. Ny ankamaroan'ny lavanila voaondrana dia hita ao amin'ny gilasy vita Amerikana.

Ahitana foko valo ambin'ny folo ao Madagasikara, fa mampiasa ny teny iombonana dia ny Malagasy. Mampiasa ny abidy mitovy amin'ny ankamaroan'ny Eoropeana ny Malagasy, ankoatran'ny c, q, u, w ary x, 21 ihany ny literany. Manana teny lava izay avy amina teny maromaro natambatra izy ka sarotra ho an'ny vahiny ny mahazo ny dikany. Malefaka, ohatran'ny mihirahira ny fiteny azy, mahafinaritra henoina fa sarotra ho an'ny vahiny ny mamaky azy.

Ny Merina no foko lehibe indrindra, nanana mponina eo amin'ny 2 tapitrisa eo. Samy manana ny endriny sy ny firafiny izy ireo, misy ny mazava ary misy ihany koa ny tena mainty hoditra. Teo aloha, dia nizara telo saranga izy ireo -

ny andriana – ny olona afaka – ny andevo. Na dia efa nofoanana aza izany, dia mbola tsapa ankehitriny ny fireharehan'ireo sasany amin'ny lovany. Nahita fianarana ambony, ny Merina sady nitana toeran'ny mahay sy ny toerana matihanina.

Karazana fasana manokana ho an'ny fianakaviana Merina

Ny Merina, toy ireo foko rehetra ao Madagasikara, dia mivavaka amin'ireo efa maty ary mitandrina ny famadihana, ny famadihana ny maty, indraindray antsoina koa hoe famadihana ny taolana. Mino ny olona fa ny zavatra tsara rehetra, anisan'izany ny fahavokarana sy ny harena dia avy amin'ny maty. Raha toa ka tsy faly ny razana dia mety hiala tsy hanampy ny taranany intsony, ary ny fahantrana na ny tsy fahombiazana no hahazo ny fianakaviana. Noho izany finoana izany dia maro no manome lanja ny razana. Raha misy olona maty ka tapaka ny sandriny na ny tongony, dia alevina mialoha ao am-pasana izy mba ho feno ny razana any ankoatra any.

Mandritra ny andro firavoravoana amin'ny famadihana, ny vehivavy dia miakanjo mamirapiratra vita amin'ny landihazo, ny sasany mitondra elo, miangona eo ivelan'ny fasana – izay matetika ho an'ny Merina dia vato mirazoro miaraka amin'ny varavarana eo amin'ny lafiny iray. Ny lehilahy miakanjo akanjo lava, ny sasany manao palitao, niaranivory izy ireo noho ny lanonana manokana. Eo akaikin'ny fasana dia misy ravina sy sampana, ka mialoka eo ambanin'izay misy andian-dehilahy mitendry akordeona, tandroka sy aponga, izay manome mozika mafy mba ahafataran'ny razana fa manao lanonana ho voninahitr'izy ireo. Ny vehivavy sasany sy ireo ankizy dia mandihy na mihira.

Mety misy ihany koa ireo mitendry valiha, izay tapa-volotsangana mirefy eo amin'ny 60 ka hatramin'ny 121 santimetatra, miaraka amin'ny tady metaly 15 manaraka ny halavany. Rehefa tendrena toy ny gitara izy, dia mamoaka feo malefaka izay hamafisin'ilay volotsangana.

Mino ny olona fa te hihaino ny feon'ny velona ny maty, ka ataon'izy ireo fotoana hihomehezana, hiresahana sy ho an'ny mozika io fotoana io. Natao fotoam-pifaliana izany mba ho fantatry ny razana fa tongasoa amin'ny fiverenana izy ireo. Ny razana dia mahery kokoa rehefa maty noho izy ireo mbola velona. Matetika dia ilay omby manan-danja, miaraka amin'ny tandroka mibiloka, no atao fanatitra ho an'ny razana. Ireo tandroka ireo matetika atao endriky ny fasana.

Lehilahy Malagasy mitendry valiha

Rehefa tena mafy ny mozika, dia miditra ao anaty fasana ny lehilahy ary mitondra ny tsihy. Mivoaka izy ireo miaraka amin'ny faty nofonosina lamba fotsy, ary mametraka izany eo amin'ny toerana naorina ho an'ny faty. Ary niverina ao amin'ny fasana indray ny lehilahy ka nilanja faty hafa, ary avy eo maka faty hafa indray. Ny faty sasany vao haingana, ny sasany taolana sisa, ny sasany kosa efa vovoka. Ny fofon'ny simba no heno eny amin'ny rivotra. Ireo faty kosa napetraka mifanila eo amin'ny sehatra. Ireo vovo-paty na kely fotsiny ary izay milatsaka dia voataty avokoa, ary tehirizina tsara.

Ireo mozika kosa niha-mafy dia mafy hatrany, ary nitombo hatrany ireo olona nandihy. Rehefa avy nandihy izy ireo dia niankohoka eo amin'ny faty. Matetika dia toaka no araraka ho an'ny razana, ary ny sigara no arehitra ho an'ny maty mba ho fohony. Rehefa tonga ny aizina, maro ny olona no nody, fa ny fianakavian'ny maty kosa no nijanona miaraka amin'ireo razany.

Ny ampitson'iny, nitondra lamba manokana ny lohan'ny fianakaviana izay antsoina hoe lamba mena. Matetika dia vita amin'ny lamba landy voarary tamin'ny tanana izy io, indraindray miaraka amin'ny fitaratra kely nirariana eo amin'ilay lamba. Noheverina ho masina, izany no nampiasana ity lamba ity ho an'ny faty irery ihany.

Rehefa vita ny fankalazana, dia miova ny toe-pon'ny olona, ka lasa malahelo izy ireo. Nitazona taratasy ny mpitarika, ary naneho ny heviny mikasika ny hatsarany. Ary ny olona rehetra nilaza fa tena tsara ilay ravina ary nanaja ny maty. Rehefa nivory ny vondrona, dia naka ny faty ny vehivavy ary nitondra izany eo amin'ny valahan'izy ireo, ka nivavahan'izy ireo mba ho sambatra. Ny sasany nitomany, ny sasany kosa niresaka amin' ny razamben'izy ireo. Misy foko manasa ny taolan'ny maty.

Mandritra ny vehivavy niresaka amin'ny maty, ny lehilahy kosa nandrovitra ny lamba toy ny tady. Ny faty tsirairay avy dia fonosina amin'ny lamba vaovao. Rehefa voafono avokoa ny faty rehetra, dia apetraka eo amin'ny soroky ny olona ary lanjain'izy ireo miodidina im-pito eo amin'ny fasana ny faty. Mandritra ny fandehanan'izy ireo, noentin'ny taranaka nanondro ny famboleny sy ny fiompiany ny faty, ary nampifaly ny maty tamin'ny fanondrona ny tanàna vaovao izy ireo. Avy eo dia nanao dihy tsotra izy ireo, sady nilanja ny faty manodidina ny fasana. Ary amin'ny fiodonan'izy ireo farany eo amin'ny fasana, izay nitranga rehefa nody ny masoandro, omena ireo lehilahy ny faty izay itondra izany ao am-pasana.

Ambony tokoa ny fandaniana amin'ity lanonana ity, matetika toy ny karama isan-taona. Fandoavana ny mpitendry mozika, fanomezan-tsakafo ho an'ireo nasaina, ary fividianana ny fitaovana ho an'ny lamba dia tena lafo tokoa. Noheverina fa tsy mahalala fomba sy mahamenatra ny tsy famadihana ny maty mihoatra ny fito taona, ary atao matetika izany, raha misy olona manofy maty na raha misy tsy fahombiazana na fahantrana dia ozona ho an'ny fianakaviana izany. Ny finoana fa ny razana dia miaina amin'ny fanahy ary mampihevitra fa mila tohizana ny lanonana. Te hanome voninahitra ny maty ny velona mba ho tsara sitraka eo anatrehan'ny razana, satria mino izy ireo fa ny razambeny no mifehy ny fiainany.

Nandritra ny taona maro, ny taolana efa vovoka an'i Ndrianbalo dia nolanjaina ivelan'ny fasany, ary nofonosina lamba tsara. Kanefa ny hira rehetra, ny fankalazana, ny fanompoana ny maty dia tsy afaka hitondra fanantenana ho an'ireo very fanahy, na ho an'ireo nandihy sy nihira manodidina ny fasany. Mila misy milaza ireo taranany fa Jesosy dia maty ho azy ireo ary nalevina tao am-pasana. Mila maheno izy ireo fa tsy nijanona tao am-pasana Izy fa nitsangana indray mba hiainan'izy ireo mandrakizay miaraka Aminy. I Kristy ilay nitsangana tamin'ny maty irery ihany no afaka mitondra fanantenana ho azy ireo. Iza no handeha? Iza no hiteny azy ireo?

3

Ilay Nosy adino

Septambra 1990

Enimpolo sy dimanjato sy roa arivo kilometatra atsimo-andrefan'i Madagasikara no misy ny tananan'i Mpanjaka William, fiaraha-monina kely ao Afrika Atsimo. Miaraka aminy ny vadiny Sandy eto, sy ireo zanany vavy roa, Sara, 11 taona, sy Jessica, 9 taona, nahafeno 6 taona tamin'ny asa fanompoana toy ny talen'ny iraka tao Ciskei, Transkei, Lesotho sy ny faritra Tatsinanan'ny Afrika Atsimo i John Cunningham.

Nandritra ny Septambra mafana ny maraina, nipetrapetraka eo an-davarangan'ny tranony, nisaintsaina ny taona maro nanaovany asa fitoriana i John sy Sandy. "Tena faly aho niasa teto," hoy i John. "Ary efa vonona ny hanana ny mpitantana ny distrikany manokana ny mponina eo an-toerana."

"Eny," no navalin'i Sandy, "Andriamanitra efa nitahy ny distrika vaovao izay voalamina tao Ciskei sy Transkei ary misy mpisava lalana vaovao manomboko ao Lesotho."

Roa andro taty aoriana, nandeha hanatrika ny fihaonambe fanao isan-taona akaikin'i Johannesburg ny Cunninghams. Nipetraka miaraka amin'ireo misionera hafa avy amin'ny faritra atsimon'i Afrika, nihaino ny talem-paritra Richard Zanner izay nanome ny tatitra momba ny "toetry ny faritra", nilaza ny fivoaran'ny Fiangonana Nazareana erak'i Afrika. Nampiasa fanehoana ambony ny kisarisary sy sarin-tany, dia nidera an'Andriamanitra izy ireo noho ny fitarihany tamin'ny fampandrosoana ny Fanjakany.

Tao aorian'ny 30 minitran'ny tatitra, nanomboka tsy nahazo aina i John amin'ny zavatra nomarihiny tamin'ny fanehona ny sari-tany. Ny faritra Afrika dia voafaritra loko izay maneho ny fandaharana sy ny fitantanana. Ny faritra iray tsy mbola niloko dia ilay Nosy lehiben'i Madagasikara. Nanontany tena i John hoe rahoviana vao hiseho eo amin'ny mangarahara ilay aloka. Nahatsiaro enta-mavesatra izy fa mila olona avy amin'ny anaran'ny fiangonany hiditra amin'io faritra lehibe io.

Nandritra ny fiatoana, nanantona an'i Zanner i John ary nanontany momba ilay Nosy adino. "Efa nieritreritra ny hanomboka asa any Madagasikara ve isika?"

Namaly aingana i Zanner, "Eny, efa ela isika no tia hiditra ao Madagasikara, fa tsy mbola nahita na ny olona izy na ny fitaovana ilaina na ny fotoana mety. Na izany aza, mbola tia hiditra ao Madagasikara isika indray andro any. Fa maninona ianao no manontany izany?

"Eny tokoa, nipetraka aho nandritra ny fivoriana," hoy i John, "nihaino ny jery todika momba an'i Afrika aho ary nanahy hoe nahoana no nanadino toerana malalaka tena akaikin'i Swaziland, izay nanombohana ny asa teto Afrika. Efa nidirantsika avokoa ireo firenena hafa teto Afrika Atsimo, ary nahatsapa-tena mavezatra aho ny amin'ny olona tokony andeha ho any Madagasikara. Nanontany fotsiny aho satria tsapako fa andraikitro ny milaza izay napetrak'Andriamanitra ato am-poko aminao."

Namaly i Zanner: "eny, misaotra anao John." "Maninona ianao raha miara- miombom-bavaka aminay mba ho afaka handefa olona any isika hanomboka ny asa, izay mifanaraka amin'ny sitrapon'Andriamanitra." Rehefa nandeha ho any amin'ny trano fivoriana, dia nanome toky i John fa hanao izany koa izy.

Folo minitra taty aoriana, rehefa niverina ny fivoriana, niteny tao am-pon'i John indray Andriamanitra ary nametraka enta-mavesatra tao aminy ny amin'i Madagasikara. Nanomboka nanome valiny an'Andriamanitra izy. "Fa maninona Ianao no mbola miresaka amiko momba io toerana io? Efa nanao izay hitako fa tianao ataoko aho; efa nanome ny hafatra an'i Zanner aho. Inona indray no ilainao izao?"

Nanomboka nahatsapa i John fa antso manokana izany. "Tompo ô, efa nomenao fanamby ny amin'ny toerana misy ahy izao, miasa amin'ny fampandrosoana ny mpisava lalana ao amin'ny Distrikan'i Transkei ary miandraikitra distrika maromaro. Tena afa-po aho ary tanteraka, Tompo."

Vao maika izy manana ny antony, fa maninona izy no tsy ho any Madagasikara, nino bebe kokoa John fa antson'Andriamanitra ny handehanany miaraka amin'ny ankohonany ho any amin'ity nosy tsy fantatra ity. Tamin'ny farany, nametraka ny ho aviny tamin' Andriamanitra izy. "Ray ô," nivavaka moramora izy, niaraka tamin'ny ranomaso niraraka tamin'ny takolany, "raha izay no tianao andehanako, andeha aho."

Nahatsiaro fiadanana sy fahafahana izy sady nijery ny teny alohan'ny efitrano. Tamin'izay fotoana izay, sary hafa indray no niseho teo amin'ny fanehoana sary izay naneho any Madagasikara irery, sy i Swaziland ary Mozambika, anisan'ny filan-kevitry Atsimo-Atsinanana. Nifantoka bebe kokoa tamin'ny famelabelarana izy."

Nandritra ny sakafo atoandro, niresaka mangingina tamin'i Zanner i John. Nanazava izy fa niresaka taminy indray Andriamanitra, ary nahatsapa fanamby manokana mba hanokatra ny asa eto Madagasikara. "Niteny tamin'ny Tompo aho fa vonona ny handeha raha manaiky ihany koa ny fiangonana ny amin'ny handehanako sy hanombohana ny asa."

Mirana ny tarehin'i Zanner. "Tsy mahita olona tsara noho ianao ho alefa aho. Henoko hoe nosy manokana sy tsara izy io ary toerana efa niriko ho tsidihina."

"Mbola hevitra vaovao avokoa izany," hoy i John. Nametraka ny kafe-ny izy. "Tonga saina fotsiny aho fa na i Sandy aza tsy mbola mahalala izany. Inona ny dingana manaraka raha izany no tian'ny fiangonana?"

"Araka ny efa fantatrao, dia tsy mbola ao anatin'ny firenena neken'ny Birao Foibe hidirana i Madagasikara hatramin'ny taona 2000. Noho izany, raha hiditra mialohan'izay daty izay," nanohy i Zanner, "tsy maintsy mahazo alalana manokana mba hampidirana izany ao anaty drafitra. Mila mandeha any amin'ny biraoko ianao sy Sandy rehefa vita ny fivoriana, ary hiresaka bebe kokoa momba izany isika."

Rehefa niverina teny amin'ny latabatra nipetrahan'i Sandy i John, dia nitady ny fomba tsara indrindra amborahana ny vaovao taminy. Tao aorian'ny sakafo hariva, tao amin'ny efi-tranon'izy ireo raha mbola niomana ho any amin'ny fotoam-bavaka hariva, nijanona i John, ary niteny hoe, "Malala, ahoana ny hevitrao raha hifindra amina toeram-piasana vaovao?"

"Toerana hafa eto Afrika Atsimo ve no tianao lazaina?" no navaliny.

"Tsia." Nisalala i John. "Firenena hafa no tiako lazaina."

"Aiza? Fa misy inona?"

"Eny ary, tsy mieritreritra aho hoe tokony ho lazaiko izao ankehitriny izao." Nanohy i John, "Tiako ianao hivavaka momba izany ary hiteny ahy izay nolazain'Andriamanitra anao."

"Eny áry," hoy izy, "hataoko izany."

Nandritra ny fotoam-bavaka hariva, nanome toky an'i John Andriamanitra fa mifanaraka tanteraka amin'ny sitrapony izany rehetra izany ary tsy tokony hanahy ny amin'ny mety ho fihetsik'i Sandy izy. Izay alina izay, tampitoniana tao amin'ny efitrano fandraisam-bahiny nohazavain'ny volana, dia tsy nahita tory i John. Sady nijery an'i Sandy izy no niteny moramora, "Tsy mbola matory ve ianao"? Avy eo nitodika tany aminy Sandy, dia nanohy izy. "Inona no tsapanao nolazain'Andriamanitra taminao ny amin'ny fifindrantsika?"

Niankina tamin'ny kiho iray i Sandy. "Tena hafahafa, fa naverin'Andriamanitra tao an- tsaiko ny antso voalohany mba hahatonga ahy ho lasa misionera fony aho mbola 17 taona. Noteneniko azy indray anio alina fa vonona aho ny andeha na aiza na aiza hitondrany eo akaikin'ny vadiko. Nanome toky ahy tamin'ny alalan'ny fiadanany Izy toy ny tamin'ny 1971."

Niarina i John, ary nandohalika. "Ny zavatra izay ho lazaiko aminao izao dia avy amin'ny Tompo avokoa satria tsy ara-dalàna ho ahy ny ho tonga amin'ny toerana toy izao raha tsy efa nieritreritra sy nitady ela." Notantarainy taminy ireo zavatra rehetra hitany nandritra ny fotoana tamin'ny tolak'andro ary niafara tamin'ny hoe, "Noho izany dia mino aho fa Andriamanitra no niantso ny amin'ny hanombohana asa any Madagasikara."

"Ilay Nosy lehibe eo akaikin'i Mozambika ve no tianao lazaina?" nanontany i Sandy. Nanaiky i John. Nanomboka nametra-panontaniana maro taminy izy. "Ohatran'ny ahoana izany? Iza no mipetraka any? Inona no teny ampiasainy?"

"Oay," nanapaka John sady nihomehy. "Aza mandeha aingana toy izany. Ankoatran'izay, tsy mbola misy na inona na inona fantatro momba io nosy io. Izany no mahatonga ilay izy tsy mampino. Tsy misy afa-tsy fiantson'Andriamanitra antsika andeha ho any satria tsy misy antony hialako eto amin'ny misy ahy ankehitriny."

Tsy ampy ora iray taty aorina, rehefa avy niresaka momba ilay hevitra araka izay natao tamin'ny fahalalana voafetra, dia resi-tory tamim-piadanana sy fahatonina izy ireo.

Alatsinainy maraina, nipetraka tao amin'ny biraon'ny Talem-paritra i John sy Sandy. Nomeny tsiky izy ireo ary nanontaniany izay fantany momba an'i Madagasikara. "Kely dia kely no fantatray ka sarotra ny hilaza azy," hoy John. "Ny hany fantatray dia eny akaikin'ny moron-tsirak'i Mozambika izy."

"Tsy maninona izany, hijery ny bokiko aho, ary afaka miaraka mianatra isika." Nikisakisaka tamin'ny sezany izy ary tonga niaraka tamin'ireo boky vitsivitsy momba ny asa fanompoana. Ho jerena ny pejy misy an'i Madagasikara, sady nanohy izy, "Nilaza izy fa 12 tapitrisa ny olona monina ao ary misy foko 18. Ao amin'ireo foko ireo, 5. 5 tapitrisa amin'izy ireo dia tsy mbola naheno mihitsy momba ny filazantsara."

Hitan'i John fa nijery azy Sandy. Efa hainy fa nahatsiaro ilay antso izy mba hanampy hizara ny filazantsara ho an'ireo tsy mbola naharay izany maneran-tany izy. Nanohy i Zanner, "Inty misy zavatra mahaliana, hoy ilay boky hoe fiteny roa ampiasainy dia ny Malagasy sy Frantsay."

I John indray no nitodika tany amin'i Sandy. Nifanena ny mason'izy ireo sady namiratra. Nahatsiaro an'i Sandy izy nanao hoe, koa satria tsy maintsy mijanona eto amin'ny faritra Atsimon'i Afrika, "tsy mba hampiasa ny dimy taona nianarako Frantsay tany am-pianarana mihitsy izany aho."

Nitopy maso tany amin'i John i Zanner. "Te hangataka aminareo aho hitady ny zavatra rehetra afaka hitanareo momba an'i Madagasikara ary hanao tolo-kevitra an-tsoratra afaka hoentiko any amin'ny Birao Foibe amin'ny fivorian'ny February." Rehefa avy nivavaka, dia nanome toky izy fa manohana azy ireo. "Raha tena izany tokoa no sitrapon'Andriamanitra, mino aho fa hataony mazava amintsika sy amin'ireo Mpitantana foibe."

Teny an-dalana hody, nivavaka John ary nangataka tamin'Andriamanitra mba hanamarina io antso io amin'ny alalan'ny fomba azo tsapain-tanana. Hoy izy tamin'i Sandy, "Tsy tiako ho fanapahan-kevitra mibahana be ity mba ho lasa fahatsapana fotsiny avy eo. Tiako ho fantatra marina fa fitarihan'ny Tompo."

Ny ampitso maraina, rehefa nanomboka ny fotoam-pivavahany manokana i John, dia nangataka ny hahalala ny sitrapon'Andriamanitra indray izy mba hanamarinany ilay antso ho any Madagasikara. Nanokaratra ny Baiboly izy, hamakiany ny iray amin'ireo andalan-tSoratra Masina efatra ao amin'ny fandaharany famakiana ny Baiboly mandritra ny taona, nanomboka namaky tao amin'ny Isaia 42. Tao amin'ny andininy faha-4 dia nijanona izy sady gaga. Novakiany, "Ary ny nosy hiandry ny lalàny."

Tsy nino izany izy. Isaia, nanoratra tany amin'ny toerana lavitra, nanonona nosy. Nandeha ny eritreriny, ary nanohy namaky i John. Andininy enina taty aoriana dia nanao hoe, "Hianareo izay midina any amin'ny ranomasina sy ny ao aminy rehetra, dia hianareo nosy sy ny mponina ao aminy, samia mihira fihiram-baovao ho an'i Jehovah, dia ny fiderana Azy hatramin'ny faran'ny tany" (andininy faha-10).

Nanintona an'i John ilay teny. Nifantoka tanteraka tamin'izay hitranga manaraka izy. Andininy roa manaraka dia naneho zavatra hafa taminy indray. "Aoka hanome voninahitra an'i Jehovah izy Ary hitory ny fiderana Azy any amin'ny nosy" (andininy faha-12).

Teo amin'io teboka io, fantatr'i John fa nomen'Andriamanitra fanamarinana manokana momba ilay antso izy. Nahatsapa izy fa adidiny ny hanome voninahitra an'Andriamanitra amin'ny alalan'ny fizarana ny filazantsara any Madagasikara ary any amin'ny nosin'ny ranomasimbe Indiana.

Nihazakazaka avy tao amin'ny biraony ho eo amin'ny lalan-tsara, sady niantsoantso izy, "Sandy, tsy hino ny teny vao novakiko ianao." Niditra tao amin'ny efitra nisy an'i Sandy izay nanaovany kaontin'ny fiangonana, noraisiny ny Baiboly. "Henoy ity". Nanomboka namaky ny andininy izy. "Omaly sy anio maraina, nivavaka tamin'Andriamanitra aho mba hanamarina ny antsony. Tsy mahagaga ve ny lalana hamalian'Andriamanitra vavaka?"

"Eny," hoy Sandy, "Azo antoka fa manana lalana hanehona ny heviny Andriamanitra." "Andao ary isika haka fotoana hivavahana sy hisaorana Azy," nanolotra hevitra i John. Rehefa avy nivavaka izy dia niverina tao amin'ny biraony ary namita ny fotoam-pivavahany manokana sady nihira tany am-pony. Nanomboka amin'izay ny andro fiasany tamin'ny taratasim-panjakana. Tsy ampy ora roa taty aorina, naneno ny finday. Namaly izy ary nahafantatra fa miresaka amin'ny olona avy ao amin'ny minisiteran'ny raharaha anatiny an'ny Afrika Atsimo.

"Azo antoka tokoa fa tsara ny tafaverina," hoy ilay feo any amin'ny ilan'ny tariby.

Nanontany azy John, "Avy taiza ianao?"

"Oh, vao niverina avy tany Madagasikara aho niaraka tamin'ny filoham-pirenentsika, Atoa F. W. de Klerk. Nametraka tamin'ny laoniny ny fifandraisana tamin'ny fitondram- panjakana Malagasy izy ary nanomboka fifandraisana tamin'izy ireo isan-kerinandro."

Nahazo ny fifantohan'i John tanteraka ilay lehilahy ankehitriny. "Lazalazao ahy ny dianao tany," nanomboka izy, niezaka ny hanamafy io antso mahagaga io. Vao voalohany no nisy niantso ka niteny momba izany Madagasikara izany. Mety haharitra ora maro io antso io raha ny fangatahany fanamarinana bebe kokoa momba ilay antsony ho any Madagasikara. Nanohy niteny betsaka momba ity nosy mahaliana ity ilay lehilahy.

Tao aorian'ny antso, nametraka ny lohany teo ambonin'ny latabatra izy. "Misaotra Tompo, fa nohamarininao ahy indray ilay antso. Tena faly aho handeha sy hiasa ho Anao any Madagasikara."

Ny andro manaraka dia nanohy namaky tao amin'ny Isaia izy nandritra ny fotoam-bavaka manokany ary nahita ity teny ity: "Mijere ahy, dia ho voavonjy hianareo, ry vazantany rehetra! Fa Izaho no Andriamanitra, ka tsy misy hafa" (45:22).

Taty aorina tamin'io andro io ihany, nandeha nankany amin'ny fitehirizana boky faobe i John ary nitady boky momba an'i Madagasikara. Tao amin'izay dia nisy ohabolana avy tamin'ny mpanoratra Malagasy izay nilaza an'i Madagasikara ho ilay Nosy any amin'ny faran'ny tany. Nahatsiaro ilay teny tao amin'ny Isaia izy ary nahafantatra fa nohamarinin' Andriamanitra taminy indray ilay antso ho any amin'ilay Nosy Mena lehibe.

Efatra andro taty aoriana, nandritra ny fotoam-bavaka manokana tao amin'ny Isaia, nisy andininy niraikitra manokana tao an-tsaina sy fon'i John: "Ary hasiako famantarana eo aminy, dia hiraiko… dia ho any amin'ireo nosy lavitra izay tsy mbola nahare ny lazako. Ary hitory ny voninahitro any amin'ny jentilisa izy" (66:19).

"Eny ary Tompo, efa nataonao mafy sy mazava ny tanjonao."

Minitra vitsy taty aorina nisy mailaka tonga. Nametraka gazety avy amina vondrona mpitory hafa teo amin'ny latabatr'i John. Rehefa namaky izany izy, nahita fizarana izay nangataka ireo mpamaky mba hivavaka ho an'ny misionera ho any Madagasikara. Nijanona indray i John mba hisaotra an'Andriamanitra izay nanamarina ny antsony tamin'ny fomba hafa.

Nitohy ny fanamarinana. Ny 95 andro manaraka, isan'andro dia nisy vaovao na naheno ny teny hoe Madagasikara na hetsika niseho tany. Indraindray dia nivoaka tamin'ny gazety, televiziona na radio; tamin'ny andro sasany dia antso an-tariby izany na olona miresaka mivantana taminy na zavatra voarainy tamin'ny mailaka. Tsy nampino,

Allain sy Nicole, mpivady Malagasy monina eto Afrika Atsimo, tonga nipetraka tao an-tranony nandritra ny telo andro. Isan'andro, nidera sy nisaotra ny Tompo i John. Tsapany Andriamanitra mahay mivazivazy teo ampamaliana ny fangatahany tamin'ny fanamarinana.

Fantany tsikelikely tamin'ny fotoana ny fomba nanomanan'Andriamanitra ny fiangonan'ny Nazareana mba hiditra tao amin'io toerana io mba hiasana miaraka amin'ny hafa mba hanaparitahana ny filazantsara sy ny famonjena feno. Nanomboka nahatsapa John ny amin'ny faniriana sy ny filany hitsidika ilay nosy tsy manam-paharoa izay napetrak'Andriamanitra tao am-pony.

Tamin'ny Febroary 1991, nanome alalana ny Birao Foibe tao amin'ny faritra Afrika mba hanokatra ny fiangonana any Madagasikara. Noho io fanohanana io, nanandrana voalohany ny hitsidika io nosy io izy tamin'ny Septambra 1991. Voasakana anefa izany noho ny fitokonana sy ny korontana ankapobeny teto Madagasikara. Avy eo izy nanomana fitsidihina indray ny Aprily 1992 ary niandry tamin'ny faharetana ny andro ho avy.

4

Fihaonana niavaka

Aprily 1992

Niakatra ny tohatran'ny Boeing 737, nihamafy ny fientanentanan'i John rehefa nanamarina ny fahazahoana miondrana. "Air Madagascar sidina laharana MD721, fiaingana amin'ny 12 ora atoandro." Nijadona tao amin'ny renivohitra, Antananarivo, fantatra amin'ny anarana hoe Tana, tamin'ny efatra ora tolakandro. Nataon'i John azo antoka tsara fa vonona ny fakan-tsary hipika sary ny topimasony voalohany avy eny ambony ny Nosy Mena.

Nahazo haavo hatramin'ny 9000 metatra, hitan'i John ny ranomasina mangan'ny lakan-dranon'i Mozambika ery ambany miaraka amin'ny nosy miavaka voadidina vatohara. Rehefa nanambara ny mpamory fiaramanidina fa mandalo ny sisiny andrefan'ny Madagasikara izy ireo, dia naka sary ny tontolo ankapobeny i John. Renirano sy tany maina nivelatra tokoa ka hitany hatramin'ny atsinanana. Manaraka ny torapasika tsy misy fiafarany, dia nahita tanàna nanamorona ny fiantsonana.

Rehefa nidina nanaraka ny faritra avo ny afovoan-nosy izy ireo, dia nahita ny tanimbary eo anelanelan'ny tendrombohitra ary nandry eo amin'ny lohasahan-driakan' ny renirano i John. Ny toerana rehetra mety dia natao mba hambolena mahomby kokoa ary mba hisorohana ny fikaon'ny riaka izay manimba ny fahaveloman'ny tany. Ny tanimbary manaraka ny renirano mba hampikoriana tsara ny rano mankany amin'ny toeram- pambolena.

Ireo trano an-tampokavoana any Tana

Ny faran'ny tolakandro, ny masoandro nandoro ny trano roa rihana miaraka amin'ny hazavana volomboasary mafana. Ny aloky ny fiaramanidina nanomboka nilalao teo amin'ny tanana ambanivohitra rehefa nanatona ny seranam-piaramanidina Iraisam-pirenena Ivato. Nivoaka ny fiaramanidina i John ary nandeha teo amiin'ny lalantsara, nanao vavaka fisaorana izy fa tonga soa aman-tsara. Nisava tsara ny entany sy ny vokatra nentiny ireo mpiasan'ny fadintseranana. Rehefa avy namoaka ny tao anaty fitoeram-bolany rehetra izy nanambara ny vola nentiny, nangatahana i John mba hanokatra ny baoritra izay nentiny niaraka tamin'ny valiziny. Tonga marobe nanatona manodidina nijery ireo mpiasan'ny governemanta amin'ny fadin-tseranana lian-javatra. Rehefa nanapaka ny tady farany i John ary nanokatra ny fonony mitsipitsipika, feo nibitsibitsika no re rehefa nijery ny tao anatiny.

Naka boky kely filazantsara vitsivitsy vita printy amin'ny teny Malagasy i John, teny Frantsay, ary teny Anglisy. Nataony an-tanana izany ary nomeny ireo mpanara-maso tsy naharitra. Ary raha nandinika ny teny teo izy ireo, dia nahavory ny manam-pahefana hafa teo amin'ireo baoritra. Miramirana ny tarehan'izy ireo ary nilaza zavatra betsaka ho an'i John, noho izy tsy nahazo ny ankamaroan'ny resaka nataon'izy ireo. "Afaka mbola mitondra taratasy maromaro ohatran'ireto ve ianao azafady mba ahafahanay mamaky bebe kokoa momba ny fiangonanao?" hoy ny mpanara-maso iray, tamin'ny teny Anglisy tsy dia mazava.

Nanaiky John ka nanao hoe, "Eny," sady nanao naoty antsaina ho fanaraha-maso izany fangatahana izany.

Nitangorona teo amin'i John avokoa ireo mpitondra fiarakaretsaka, sady nandrambona ny entany no naneho fa afaka mitondra azy. Tsy nahazo izay nolazain'izy ireo izy ary tsy fantany na nitady hangalatra ny entana na hanampy azy ireo. Ny banky fanakalozam-bola teo eo amin'ny seranam-piaramanidina nihidy avokoa satria andro tsy fiasana, ary nanakana azy hanakalo ny dolara ho ariary izany ka naka fiarakaretsaka izy.

Efa nanao fifanarahana i John mba hipetraka akaikin'ny seranam-piaramanidina ao amin'ny foiben'ny Fikambanana Mpiara-mamaky ny Baiboly. Pastera Emilien, ny mpitantana, no tokony haka azy, kanefa tsy tonga izy. Niezaka nitady olona nahay ilay toerana misy ny fikambanana izy, na ny mpitantana, nahita mpiasan'ny seranam- piaramanidina roa i John nony farany, niteny Anglisy kely ihany izy ireo. Nanaiky nanampy azy Angelo sy Arlette. Niezaka nikaroka tao amin'ny filan-kevitra an-tariby izy —tsisy valiny. Niezaka nampiasa finday mba hiantsona ilay laharana tokana mba nananan'i John—fa tsy nandeha ilay finday. Niodikodina tao anaty seranam-piaramanidina, nanontany manam-pahefana hafa sao dia misy mahafantantra an'i Pastera Emilien—tsy nisy.

Efatra ora izay no lasa. Nitohy nivavaka hatrany i John, nahalala fa Andriamanitra dia manana tanjona amin'ity fahatarana ity. Iray ora mialohan'ny fikatonan'ny seranam-piaramanidina ny alina, niditra tao amin'ny birao nipetrahan'i John i Arlette. "Mieritreritra aho fa mety afaka mahazo fanampiana isika," hoy izy. "Misy mpandray vola eto antsoina hoe Voahangy efa naheno momba ny Pastera Emilien, fa tsy fantany momba ny Fikambanana Mpiara-mamaky ny Baiboly. Afaka hoentinay ianao miaraka aminay, ary hitady azy rehefa hody isika androany alina."

Efa nanomboka nipika ny jiro tamin'ny 9 ora alina. Any ivelany, mafana antoniny, niaraka tamin'i Angelo, Arlette, ary Voahangy i John rehefa niditra tao amin'ny fiaran'ny seranam-piaramanidina izy ireo. Nandeha mafy ny mpamily. Nitazana tao anaty aizina i John, niezaka nijery ny tontolo. Sady nientanentana izy no nilamina ihany, fantany fa planin'Andriamanitra avokoa izany. Niresaka tamin'ny teny Malagasy ireo namany vaovao. Sahirana naminavina izay fehezanteny na teny mety ho azony i John nefa tsy nahazo na inona na inona amin'ity fiteny vaovao ity. Teny ampandehanana izy ireo, dia nampianariny miteny hoe salama ("Hello"), misaotra ("Thank you"), and veloma ("goodbye") izy.

Nijanona manoloana vahavahady mihidy izy ireo. Naheno ny kiriorioka naneno, ilay mpiandry vahavahady tamy nanantona ary namela azy ireo hiditra eo an-tokontany. Nidina i John sy i Voahangy. Rehefa niresaka tamin'ny teny Malagasy teo i Voahangy sy vehivavy iray, dia nahatazana lehilahy fotsy hoditra mandalo i John ary nieritreritra, angamba mety hahazo teny Anglisy iny ary afaka milaza amiko hoe aiza aho.

Minitra taorin'izay, nitodika tamin'i John i Voahangy ary nampahafantatra hoe, "afaka mijanona eto ianao. Andeha izahay izao." Nisaotra ireo namany i John ary nandeha hiantso ilay lehilahy tsy fantany teo, fa nanjavona izy. Niarahaba an'i John ilay vehivavy ary nanao fihetsika hoe manaraka ahy. Nibata ny entany izy ary niaraka taminy niakatra tao ambony rihana. Rehefa tonga tany amin'ny farany ambony izy ireo, dia nitodika izy ka nanokatra varavarana efitrano kely misy valin-drihana vitana amin'ny hazo. Notondroiny ny entany aloha ary avy eo ny latabatra, niverina, ary nanidy ny varavarana sady nivoaka.

Namoaka ny entany i John, avy eo nanokatra varavarana somary tery mankeo amin'ny lavarangana kely mahatazana ny tokontanin'ny foibe ny fikambanana sy ny tontolo manodidina ravahan'ny trano manamorona ny tanimbary. Nivavaka izy mba eo amin'ilay toerana tena izy ary mba ho tanteraka ny sitrapon'Andriamanitra. Rehefa niverina tao amin'ny efitranony vaovao izy, dia naheno olona nandondona. Nosokafany ny varavarana, ary nitsangana teo ilay lehilahy tazany vao nivoaka ny fiara.

"Salama, izaho dia Paul McBride," hoy izy niarahaba. "Tongasoa eto amin'ny toeram-pambolena."

Niarahaba ihany koa John ary nanontany, "Aiza moa aho? Ity ve ilay foiben'ny Fikambanana Mpiara-mamaky ny Baiboly?"

"Voalazanao," hoy i Paul namaly miaraka amin'ny tsiky. "Tsy mampaninona anao ve raha mankao amin'ny efitra-noko isika sady misotro kafe?"

Te ahalala bebe kokoa momba ny foibe sy Madagasikara i John, nanaiky avy hatrany. "Lazao ahy ry Paul," hoy i John, sady manaraka ilay lehilahy ho an'ny amin'ny efitrany izy, "inona no mahatonga anao eto Madagasikara?"

"Tantara lava be izany," hoy i Paul namaly, raha sady nandrehitra solosainy izy, "fa horesahintsika izay amin'ny alina manaraka. Mety tsy fantatrao amin'ny fomba fiteniko fa izaho mantsy Australiana izay efa nilaozako taona maro lasa izay. Izaho efa nitety izao tontolo izao ary nahavita be amin'ny faha 40 taona noho ny ankamaroan'ny olona mi-tovy taona amiko."

"Inona no ataonao izao?"

Nijery ny rano i Paul sady niteny hoe, "Na mino ianao na tsy mino, izaho no filoha vaovao ny Television Network eto Afrika, na ATN raha afohezina."

Raha nangotraka ny dite, i John kosa nihaino tsara ny fanazavana ny fomba nidiran'i Paul ho mpandray anjara amin'ny televiziona satelita iraisam-pirenena ao Madagasi-kara. Nisotro ilay dite mahery izy ireo, nanontany an'i Paul izy momba ny tanjon'ity fikambanana televiziona mbola tanora ity. Hitany fa manana andraikitra lehibe i Paul mahakasika ireo ankizy mpirenireny amoron-dalana tsy manankialofana eto Tana.

"Te hahita ireo ankizy ireo aho," hoy i John rehefa avy nisotro dite mafana izy ireo. Angamba izay faritra iray ahafahan'ny fiangonanay mandray anjara amin'ny alalan'ny asa fiantrana."

"Hoentiko any ianao amin'ny herinandro" navalin'i Paul. "Ampisehoako tranga mety handratra ny fonao. Ny ankamaroan'ny ireo ankizy tsy manan-kialofana ireo dia tsy misy miraraha sady tsy mahazo fanampiana eto Tana. Angamba ny Tompo tsara no naniraka anao eto hitondra fitiavana sy hitondra fahasamihafana ho azy ireo."

Telopolo minitra taoriana, niverina tao amin'ny efitranony i John ary nanamboatra ny lay teo amin'ny fandrinany, sady mbola nisaina ny tenin'i Paul. "Misaotra Anao, Tompo, niantso ahy ho eto amin'ity nosy aty amin'ny faran'ny tany ity Ianao. Misaotra Anao nohon'ny fanomezanao ahy fahafahana hizara ny fitiavanao sy haneho ny fiovana nataonao teo amin'ny fiainako."

Vao nandeha hiakatra eo ambony fandriana izy ary nanamboatra ny lay, dia naheno dondonam-baravarana sy feo. Nampandrosoany ilay olona, nipetraka teo ambony fandriana i John. "Salama, Emilien no anarako, ary ianao angamba no Pastera John."

Nasoron'i John ny lay ary niala teo am-pandriana izy. "Salama. Izy indrindra ity, faly mahita anao. Nanontany tena mihitsy aho raha hahita anao."

Taorian'ny fialantsiny, nanazava mikasika ny fanambadiana nohamasininy izay naharitra ela be izy io hariva io, ary nampanantena firesahana bebe kokoa ny maraina, nirary torimaso mamy i Emilien ary nandeha.

Nony maraina, niaraka tamin'i Emilien sy ny ankohonany i John nisakafo maraina toy ny mahazatra kafe mainty sady mahery, mofo dipaina sy tantely. "Ahoana no mampiavaka ny Fiangonan'ny Nazareana amin'ny fiangonana Protestanta anay?" hoy fanontanian'i Emilien. Nazavain'i John ny fotopampianarana ara-baiboly momba ny fahamasinana ary nomeny boky maro momban'ny tantara sy ny fotopampianaran'ny Fiangonan'ny Nazareana izy.

"Inona no antenain'ny fiangonanao hotanterahina eto Madagasikara" hoy i Emilien nanohy.

Nambaran'i John azy fa te hanampy ny fiangonana hafa eto Madagasikara izy hanatratra ireo olona 5. 5 tapitrisa mbola tsy naheno ny lalam-pamonjena voazava tsara mihitsy.

"Efa manana fiangonana ampy i Madagasikara fa tsy ampy misionera. Afaka heverinao ve ho avy eto amin'ny firenenay ary miasa amin'ny anaram-piangonana iray efa misy eto?"

Nazavain' i John fa misionera amin'ny fiangonana izy fa tsy misioneran'ny fikambanana ara-piangonana. "Inona no angatahina raha hanoratra ara-panjakana anaram- piangoanana?" hoy izy nanontany.

"Ny tena fepetra dia manana mpikambana 100 izay manoratra ny fiangonana, avy eo manasa ny misionera ho avy eto Madagasikara miaraka amin'izy ireo."

"Ahoana no fomba ahazoana ireo mpikambana voalazanao ireo raha tsy misy misionera na pastera avy eto hikasika azy ho ao amin'i Kristy sy hampafantatra azy ny fiangonana?"

Nieritreritra kely i Emilien ary nilaza hoe, "Angamba tokony tonga aty ianao dia miara-miasa amin'ny tarika efa misy toy nataon'ny misionera hafa."

Namaly i John hoe, "azoko ny tianao ambara, Emilien, ary marina izany fa ny fikambanana misionera sasany dia tsy mifamatotra amina fiangonana. Tsy misy diso amin'izany, satria mila ny fanampiany isika. Na izany aza, izaho dia voatokana loholona ao amin'ny fiangonana izay mandefa misionera hikasika fanahy sy hanangana fiangonana, ary manantena ahy hisolo tena izy.

"Manampy izany," hoy i John nanohy "tiako ny fiangonako ary ankafiziko ny miasa amin'ny rafitra misy ahy. Ankehitriny efa miantso ahy Andriamanitra ho avy eto Madagasikara hiasa ary ny fiangonako vonona handefa ahy. Noho izany, heveriko fa tsara kokoa ho ahy ny tonga misolo tena ny fiangonako ary miara-miasa amin'ny fiangonana evanjelika hafa hanatratra ny an-tapitrisany izay mbola tsy nisy nanazava ny lalam- pamonjena mihitsy."

Nanaiky i Emilien. "Angamba afaka manao dia fohy eto ianao ary avy eo miasa amin'ny fananganana fiangonana. Ary rehefa ampy ny niova fo, dia afaka manoratra ny fiangonanao amin'izay."

Tonga saina i John fa fanamby mila vavaka tokoa izany ary mila ny fidiran' Andriamanitra an-tsehatra manokana. Ny ampitso nolazainy an'i Paul ny fahasarotan'ny fanoratana ara-panjakana, navalin'i Paul haingana izy hoe, "fa raha mila asa ianao, dia afaka miasa ho ahy ao amin'ny ATN tahaka ny talen'ny fandaharana ara-pivavahana. Izany no ahafahana manao ny fahazaoan-dalana hiasa amin'ny governementa, izay ilaina ahafahana mipetraka eto."

Mipetraka eo amin'ny lavarangan'ny efitranon'i Paul izy, niresaka hatramin'ny alina be momba ny vina sy ny nofinofiny hiara-hiasa. Taty aoriana, ao anaty lay, lasa ny sain'i John rehefa nieritreritra ny zava-nitranga androany. Tsy mampino. Andriamanitra ihany no afaka nikasa ny fisian'ny talen'ny televiziona iraisam-pirenena iray trano amin'ny misionera Nazareana sady samy manana tanjona sy drafitra mitovy.

5

Ny ankizy amoron-dalana

Aprily 1992

Masoandro mamiratra avy eo amin'ny varavarankely no namoha an'i John ny Alarobia maraina. Vao nivoaka ny loza efa saika nananontanona ny fahafatesana efatrandro lasa izay, tratran'ny aretina mafy izay nahatonga azy ho tao anatin'ny tsy fahatsiarovan-tena mihitsy izy. Fa tao anatin'ny alina iray dia tena nahavariana ny fanasitranan'Andriamanitra. Teo amin'ny lalantsara, nihaona tamin'i Paul i John, izay nitondra azy teo amin' i Leon, mpamily fiaran'ny ATN. Nizotra ho any Tana, nandeha tamin'ny lalana tery teny anelanelan'ny tanimbary amin'ny ilany avy. Niaraka tamin'ny fanovana ny hafainganana tsy ankijanona i Leon, nitondra ny fiara amin'ny maha-maty hanina azy ilay fiara Toyota izy, noho ireo mpandeha an-tongotra nitombo, ny moto, ary ny fibahanan-dalan'ny sariety. Nampidina moramora ny varavarankely i John ary nahatsapa ny tsioka mahafinaritra maraina izay nifafy tamin'ny tarehiny.

"Aza adinoina ny dia antsika androany," hoy i Paul niteny teo amin'ny sorony. "Tiako aseho anao ny ankizy amoron-dalana sy ny fomba fiainan'izy ireo.

"Ekôsistema tena tonga lafatra ireo tanimbary ireo" araka ny fanamarihan'i Paul. "Tondrahan'ny lakandrano ireo tanimbary ireo izay manome toeram-ponenaana ho an'ny trondro sy lasitra. Hohanin'ny ganagana ireo karazan-trondro anaty rano ireo izay mivelona ao amin'ny tanimbary. Mihinana ny ganagana sy trondro ny Malagasy. Toy izany koa, dia ambolena vary ny tanimbary ary afaka mamokatra indroa isan-taona. Isakin'ny vita ny fijinjana, dia midina ireo omby vaventy tahaka ny omby avy any Azia na Eoropa atsimo mihinana ny zavamaniry maniry amin'ny rano.

Tanimbary Malagasy

"Rehefa maina ny rano na notrohan'ny tany," notohizany, "dia midina eny ny mpanao biriky ary lasa fandaharana biriky ny tanimbary. Ny fotaka tavela dia volavolaina amin'ny tanana, mampiasa bika amin'ny hazo, ary aparitaka eo mandrapahamainany. Andrahona avy eo, amin'ny toerana iray ary alahatra mivangongo. Avy eo fenoina rano indray ny tanimbary dia miverina indray tahaka ny fanao teo aloha hatrany."

"Tahaka ny hoe mahazo tsara ny fikajiana ny tontolo iainana ny olona eto," hoy i John.

"Ny tena iriko dia ho tanteraka tahaka izany ny manerana ny nosy," hoy i Paul namaly. "Misy fomba maro hafa izay hanimban'ny olona ny tontolo iainana. Ohatra ny fanadiovana ny taniny. Manapaka ny hazo izy handrahony sakafo ary dioviny ny tany ambolena legioma sy hanorenana trano. Ny orambaratra mahatongaa safodrano sady mikiky ny nofontany amin'ny havoana. Lasa midina any amin'ny rano ireo riha-tany dia manepotra ny fiainan'ireo zavaboary miaina ao anaty rano."

"Toa ianao sy ny fiaraha-miasan'ny televiziona anao mihitsy no afaka manampy amin'ny fanabeazana ny Malagasy ary mampahafantatra izao tontolo izao ny maha- zava-dehibe ny fiarovana ny tontolo iainana," hoy i John eo ampandinihana.

Nijanona teo anoloan'ny biraon'ny ATN tamin'ny isatra naneno ny fiara matahodalana. Nahita ankizy vavy kely anankiroa manao akanjo rovidrovitra i John, nihazakazaka nanontany azy. "Paul, Paul," hoy ireo ankizy niantso.

Nihomehy i Paul sady nitingitingina, nanokatra ny tanany. "Eny ary, manomboka eto izany ny fampidirana anao ny ankizy mpirenireny an-dalambe." Nanantona ihany koa i John, nanolotra ny tanany. Nanala ny tanany maloto avy teo amin'ny sorok'i Paul ireo ankizy, ka nandray ny tanan'i John. "Rankizy," hoy i Paul tamin'ny teny Anglisy, "izy no Pastera John. Namana vaovao izy." Nijery ny tarehin'i Paul ireo ankizy rehefa nanondro an'i John izy sady namerina niteny hoe "Pastera John."

"Pastera John," hoy izy ireo namerina.

Nanandrana ny fiteniny Malagasy, John namaly hoe "Salama." Toran'ny hehy, namaly tamin'ny tsiky be izy ireo.

Nitarika an'i John ho an'ny amin'ny biraony i Paul nanohy ny resaka. "Hitanao, afaka manampy hitondra fiovana maharitra amin'ity tany maty ity ny fiangonanao sy ny ATN. Afaka manaitra ny olona isika mahakasika ny toejava-misy amin'ny tontolo iainana ary manambara azy ahoana ny fomba hampitsaharana ny fahasimbana."

"Ary afaka manaitra ny olona koa isika momba ny toepiainany sy ny afaka ataony hampitsahatra ny fahasimbana," nampian'i John. "Manana hafatra mitondra fanantenana isika omena azy izao ary ho mandrakizay."

"Aza adinoina ireo ankizy tsy manan-kialofana eto Tana," hoy i Paul, nandrehitra ny takamoa miodina eo amin'ny sarin-damba eo ambony loha. "Rehefa manomboka ny asa fanomponao ianao, manaova zavatra manome fanantenana azy. Mahazoa toerana, pastera, ary aoka aho hijery ny milina "fax." Nandrovitra taratasy avy amin'ilay fitaovana izy ary nisy tovolahy Malagasy niditra.

Nitraka i Paul avy namaky ny hafatra avy amin'ny fax, ary niteny hoe, "John, izy no Mamy, mpandrindra ny biraoko sy mpanampy ahy. Tsy mahefa n'inona n'inona aho raha tsy eo izy."

"Faly mahafantatra anao," nambaran'i Mamy, am-pitsikiana sady naninjitra ny tanany. "Nolazain'i Paul ahy ny momba anao. Mpino ihany koa aho."

Niarahaba azy i John ary niteny hoe "faly aho mahafantatra anao sady faly fa eto amin'ity tanàna mahate-ho tia ity."

"Rehefa kelikely, afaka hoentin'i Mamy ianao hanakalo ny volanao," hoy i Paul. "Afaka manampy anao izy ary afaka mampahafantatra olona maro anao, sady afaka mandika teny Frantsay na Malagasy ihany koa."

Naneno ny finday, ary raha namaly izany i Paul, nanondro sari-tany teo amin'ny rindrina i Mamy. "Aoka hasehoko anao ny toerana misy ny biraonay." Hitan'i John fa voatsangana manonodidina farihy miendrika fo ny tanana. Tsy isalasalana fa tena handany fotoana betsaka tokoa ny maka an-tsaina ny fiodikodina sy fiolanan'ny lalana, nipetraka teo ambony seza teo anatrehan'ny sarin-tany izy ary niezaka nanaraka ny lalana tsirairay raha miala eo amin'ny toerana misy ny ATN.

Telopolo minitra taty aoriana, nahatsapa i John fa nisy nitarika.

Hoy i Paul, "maninona moa raha miaraka amin'i Mamy mankany amin'ny banky ianao mialohan'ny fikatonany."

"Fa vao amin'ny 10:30 izao," hoy John namaly.

Nihomehy i Paul. "Zavatra hafa tokony hizaranao koa izay. Mikatona ny banky amin'ny 11:00 ny maraina ary tsy misokatra raha tsy amin'ny 2:00 ny tolakandro."

Nandeha tany amin'ny banky niaraka tamin'i Mamy, nandalo teo anoloana mpivarotra amoron-dalana maro i John, izay niezaka nahazo ireo mpandalo mba hividy ny entany. Nahita ankizilahy mitondra harona misy frezy mena masaka, ramatoa mipetraka aorian'ny voasary milahatra tahaka ny piramida amin'ny sisin-dalana, rangahy manao satroka tsihy mitondra fehezana akondro mavo sy maitso mavesatra, ary ireo ankizivavy nitondra fehezan-gazety mpivoaka isan'andro roa eo ambanin'ny sandriny.

Nitsambikina niala sisin-dalana fiolanana sady niampita arabe hisorohana ny fihetsikin'ny fiara sy ny kamiao, vita ihany ny lalana mankany amin'ny banky. Nialohan'ny fiampitany tamin'ny arabe farany, tovolahy maromaro, nihazona atody lehibe niantso nanofahofa tanana. Nisintona ny sandrin'i Mamy i John. "Inona ireny?" nivazavaza izy noho ny tabataban'ny fifamoivoizana sy ny mpivarotra.

Atodin'ny vorona elefanta

"Ireny no atodin'ny vorona elefanta", hoy i Mamy. "Vorona malazan'i Madagasikara." Nijery mafy ny akorany mafy sady matevina i John, vaky mivava amin'ny zotra ampolony. Nanazava i Mamy fa, "Lany tamingana ny vorona, fa mbola mahita tapatapany amin'ny atody ihany izy ireo amin'ny tora-pasika sy ny toerana any atsimo. Avy eo atambany volavolainy miaraka ireny, tahaka ny piozila. Tena mahalana ankehitriny ny mahita atody iray manontolo."

Eo ampamitana ny fanakalozana, nianatra avy tamin'ny mpiasan'ny banky i John fa ny vola Malagasy dia tsy afaka atakalo n'aiza n'aiza eto an-tany, mahatonga azy tsy azo ampiasaina ivelan'ny firenena. Na izany aza, nohon'ny tahan'ny fanakalozana avo, niala niaraka tamin'ny ravim-bola nahafeno ny kitapom-bolany i John.

Tafaverina tao amin'ny biraon'ny ATN, nanolotra sosokevitra i Paul, malalaka izy aorian'ny sakafo atoandro ka handendeha tongotra miaraka amin'i John eny amin'ny tanàna eny an-dalana. Rehefa nandao ny trano izy, hoy i Paul, "Afaka minitra vitsy, ho hitanao ireo toerana ratsy indrindra tamin'ny fiainanao."

"Inona no tianao holazaina?"

"Hazavaiko aminao rehefa tonga eny isika," navalin'i Paul

"Eny àry" hoy i John namaly, "ndao àry."

Rehefa nidina ny sisin-dalana, nahita vehivavy malemy nipetraka, ny tongony tamin'ny zorony, miaraka amin'ny lamba fotsy mandrakotra ny vatany osa. "Izaho mitondra kitapo misy vola madinika foana miaraka amiko," hoy i Paul, "amin'izay rehefa mihaona amin'ny olona mahazatra ahy aho dia manana zavatra omena azy." Nandatsaka vola madinika iray tao anatin'ny kapaoka efa ratsiratsy, narahiny marika tamin'ny loha ary nahazo tsiky be, amin'ilay nify banga raha nanondrika ny lohany izy.

Ankizilahy kely, nitazona ny tanan'ny zaza mbola kely noho izy, niampita ny arabe tsy mikiraro. John nahita ireo volony fatorana, maloto, mainty, izay tahaka ny hoe tsy nisasa mihitsy nandritry ny taona maro. Misangisangy somary manahirana, ilay ankizilahy nisambotra ny tanan'i Paul dia nanomboka nisavily ho an'ny amin'ny ilany. Ilay ankizivavy kely nisambotra ny tanany ilany ary nitsambikimbina irery, niezaka nanaraka.

"Aiza ireo ankizy ireo no matory amin'ny alina?" nanontany i John.

"N'aiza n'aiza ahitany toerana: eo amin'ny varavarana, ambany totohatra, amin'ny lalan-kely, ao anaty daba-pako, na anaty baoritra. Asehoko toerana vitsivitsy ianao rehefa mandroso isika," navalin'i Paul.

Ireo ankizy amoron-dalana mipetraka eny ambany tohatra

"Misy olona mikarakara ve izy ireo?" nanontany i John, nijery ireo ankizy niankanjo maloto sady rovidrovitra nitarazoka ny patalohan'i Paul.

"Izay anisan'ireo mandratra fo amin'ny lalana eto Tana. Azonao an-tsaina ve ireo zaza sy ankizy tsy misy manome sakafo, tsy misy olona hampatory azy eo ambony fandriana amin'ny alina, tsy misy mampandro, tsy misy manolo ny tatiny na mampiakanjo azy, tsy misy mikarakara azy rehefa marary, tsy misy mifehy na manabe azy, ary ny mampala-helo, tsy misy mitia azy?"

"Firy isa ireo ankizy monina an-dalambe?" nanontany i John.

Ireo ankizy amoron-dalana mipetraka eny ambany tohatra

"Tsy misy mahalala ny isa azo antoka, satria sarotra ny mitady sy manisa azy marina," hoy i Paul namaly, "fa ny kajikajy tsara indrindra milaza manodidina ny 7000 no tsy manan-kialofana eto Tana."

Talanjona i John. "Tena mananihany angamba ianao. Avy aiza no nivoahan'ireo ankizy ireo?"

Nijanona i Paul ary nisafosafo ny volon'ilay ankizy vavy kely. "Nolavin'ny fiaraha- monina ireo ankizy ireo. Rehefa manan-janaka maro loatra ny ray aman-dreniny, na antony finoanoam-poana, dia apetrany eny an-tsena ho faty na hivelona ho an'ny tenany."

Ampijerena ny vatan'ny ankizy mahia, nanontanian'i John hoe, "fa iza no manome sakafo azy?"

"Raha tsara vintana izy, misy ankizy lehibe noho izy mahita azy ireo sy miahy azy ary mitady sakafo ho azy." Nanome vola madinika iray ilay zoky Paul, ary naniraka azy nandeha moramora. "Andao isika ho eny amin'ny arabe, ary hasehoko anao ny ankizy sasany karakarainy hafa izay kely noho izy." Tena nalahelo ny fony, nanontany tena i John ahoana no ahafahany sy ny fiangonany manampy ankizy nilaozana anarivony.

Nisafidy ny lalana vita amin'ny vato, nanondro teo aloha i Paul. "Hitanao io tohatra vato ampitan'ny arabe io? Tranon'ny ankizy miisa valo io. Efatra amin'ireo miezaka manangona, mangataka, na mangalatra sakafo ho an'ny sakafo iray ho an'ny ampitso indray."

Gaga tsy nahateny i John. Tahaka ny ampahany amin'ny fanariana fako eo an-tanàna. Baoritra efa tranainy, rovindamba, ary hazo atsatoka amin'ny sisin-dalana sy tohatra. . Rovi-damba mihantona amin'ny fefy vy efa harafesina. Ankizy kely roa nipetraka tsy misy hery mihisty eo ambanin'ny tohatra tera-tsemboka tratran'ny hafanana, efa rovitra daholo ny akanjony. Ny anankiray manala ny hao amin'ny lohan'iray hafa. Eo ambany tohatra, andian'olombelona tena mampalahelo kely no natory teo amin'ny fako miparitaka. Tongotra maloto no nivelatra eo ambadiky ny sisina baoritra tena maloto. Eo akaiky eo, nampiasa tapakazo ny zokiny indrindra amin'ny ankizy nangaroana ny sakafon'izy ireo izay ao anatin'ny vilany vy efa tena tonta.

Nandratra ny fon'i John ny nahita izany. Nahoana no tsy misy manampy izy? Tsy maintsy misy fomba hanampiana ireo ankizy ireo. Naniry izy mba ho afaka nijanona dia nanomboka ny asa fitserana eto Tana.

"Andao hiverina," hoy i Paul. "Mbola misy toerana iray tiako aseho anao androany." Efa mangina izao ny arabe. Nambarany an'i John, fa satria aoriany amin'ny roambinifolo atoandro, ny ankamaroan'ny tsena mihidy hatramin'ny roa tolakandro.

Nandeha miadana tamin'ny andro mitataovovonana izy ireo, nahatsikaritra ankizy mandry eo amin'ny sisin-dalana akaikin'ny trano vita amin'ny tanimanga i John. Nanao fanamarihina i Paul, "Mbola vitsy ireo ankizy mandry ireo izao, fa rahariva ho feno ankizy io toerana io. Ny tsy hitanao dia ny vy makarakara hatorian'izy ireo misy lavaka eo ambaniny. Ny rafitra mampangatsitsika ny ao anatin'ireo trano ireo no mamoaka rivotra mafana izay mifanakalo amin'ny alalan'ilay makarakara. Manjary lasa toerana tena ankafizin'ny ankizy hampafana azy amin'ny alina."

Nanantona akaiky kokoa, hitan'i John ny akanjo anaovan'ny ankizy misy rovidrovitra izay tena loaka be ka mahatonga azy ireo hikasoka amin'ireo singa ireo. Misy ratra feno lalitra, tongotra maloto misy vovoka harina saribao sy tsikoko, ary ratsam-batana misy itovizana tsorakazo namorona seho izay tsy azo adinoiny mihitsy.

Rehefa niampita izy ireo, hevitra hoe ahoana ny ahafahany sy ny fiangonany manao zavatra mahakasika ny manjo ny ankizy, no nanomboka namolavola tao an-tsain'i John. Nanapa-kevitra izy hivavaka momba izany mialohan'ny hilazany azy amin'olon-kafa.

Nandritra izany fotoana izany, efa nanao planina i John hitsidika faritra hafan'i Madagasikara mba hanitatra ny fahitany amin'ny filan'ity firenena midadasika ity. Nampahafantatra azy mpanamory fiaramanidina an'ny MAF (Mission Aviation Fellowship) i Clint Akins, misionera Batista. Nanao fandaharana i John fa hisidina miaraka amin'ny MAF ho an'ny amin'ny faritra atsinanana misy ny seranantsambo ny Toamasina.

Roa andro mialohan'ny sidina miaraka amin'ny MAF, naharay antso avy tamin'ny mpanamory i John, nilaza fa tsy maintsy hahemotra ny dia satria tsy ampy ny mpandeha mba hitazomana amin'ny vidiny mirary. Nanapa-kevitra i

John fa andeha fiara fitateram- bahoaka. Nanao famandrihan-toerana ho azy i Leon, ilay mpamily tena mpanampy ao amin'ny ATN. Ny alina, nisaotra ny Tompo i John nitondra azy tamin'io firenena io ary nanontany tena ny amin'ny zavatra hitranga ny ampitso amin'ny Planiny izay mbola tsy voaseho ho an'i Madagasikara.

6

Ilay Fihaonana Mahagaga

Mey 1992

Niseho ny fahagagana ora mialohan'ny fiposahan'ny masoandro teny amin'ny tendrombohitra manodidina ny Tana. Naka an'i John amin'ny 5 ora 30 minitra tamin'ilay fiara 4x4 Toyota i Leon. Midondona amin'ny lalan-dratsy tery toy ny tranon'akoho, nianatra namerimberina ny teny Frantsay voafetra efa hainy i John. "Bonjour, Leon. Ça va?"

"Ça va bien."

Niposaka ny masoandro rehefa tonga teo amin'ny gara izy ireo, nampiseho fiarabe mpitatitra nilahatra teo alohan'ny trano efa antitra, voalalotra. Mitovitovy amin'ny fiara mpitatitr'olona kelikely ny sasany, fiarakodia toy ny an'ny fianakaviana koa ny sasany, ary sasany koa dia fitaterana kelikely atao hoe taxi-brousse. Rehafa lasa nandeha i Leon, dia niditra tao amin'ilay trano i John, tsy nahafantatra loatra izay tokony atao, aiza ny fiara andehanany, na ahoana no ahazoana ny tapakila. Farany, nisy olona niantso tamin'ny teny Frantsay avy ao ambadiky ny birao fivarotana tapakila. John, naminany fa nanontaniany hoe aiza no handehananao, hoy ilay lehilahy, namaly izy hoe, "Toamasina." Nijery ny soratra teo ambany amin'ny taratasy famandrihana i John ary nahita soratra hoe: "Pastor John" voasoratra amin'ny taratasy kely eo amin'ny kahie amin'ny penina. Nanondro ny anarany izy, afaka nahazo ny tapakilany i John ary nahita ny entany nafatratra. Nifangaro ny fofon'ny gasoil sy ny fofo-mofo vaovao, fingotra, ary ny setroky ny sigara.

John nijery teo amin'ny varavarankelin'ny taxi-brousse

Tovolahy adolantseto roa, nitady mpividy, nanangona kodiarana efa tonta teo alohan'ny birao fivarotana tapakila. Niantso an'i John koa ireo lehilahy sy vehivavy mpivaromandeha mitondra zavatra maro samihafa amidy. Ny fahitana entam-barotra aseho, dia nakan'i John an-tsaina izay lazain'izy ireo manao hoe, "amidy ny mofo." "Tianao ny hividy fametrahana sary?" "Solomaso amidy." "Mitady sigara ve?" "Te-hividy T-shirt ve ianao?"

Tsy nitsahatra nanozongozona ny lohany i John. "Tsia, misaotra." Tsy mitsahatra nitazana ny entany nafatotra ny masony, miaraka amin'ireo entana hafa sady sobika mavestara feno ananana sy legioma, eo ambnin'ny fiara mpitatitra.

Raha nanatona ireo olon-kafa handeha taxi-brousse i John, dia notazomin'ilay mpamily hiverina izy ary niteny tamin'ny mpandeha hafa izy, ilay tovolahy izay nolazaina fa hipetraka eo amin'ny seza afovoany. Nangataka toerana eo aorian'ny mpamily hoan'i John i Leon mba hananany toerana malalaka kokoa hoan'ny tongotra, fa ny mpamily naniraka an'i John nifindra teo amin'ny seza aloha akaiky varavarankely. Nipetraka teo akaikin'ny lehilahy manify manana endrika Malagasy mazava lokon-tava, volo mainty miorongorona, ary misy volombava.

Nifanizina ny soroka, niezaka ho sahy niteny ny fehezanteniny Frantsay indray i John, "Bonjour. Ça va?"

Nampita tsiky kely, namaly azy ilay tovolahy, "Ça va bien."

Nanomboka ny fahagagana. Kely fotsiny no nahafantarin'i John fa ity fihaonana tsy fantatra mialoha ity dia hiafara amin'ny fiovam-po voloahany, fanombohan'ny fotoam- bavaka, ary fifandraisana maro hafa ho an'ny fiangonana.

Nanohy niteny Frantsay, nanontany fanontaniana hafa ilay tovolahy. Namaly tamin'ny teny Anglisy i John hoe, "tsy miteny Frantsay aho." Dia nanova ny Teniny tamin'ny teny Anglisy vao folahana ilay tovolahy hoe, "iezaka hiteny Anglisy aminao aho, fa tsy mbola tena mahay miteny tsara."

"John Cunningham no anarako. Iza no anaranao?"

"Guitout Ramasinoro no anarako. Handeha ho aiza ianao?"

Niteny taminy John hoe handeha hatrany Toamasina aho, ary naniry ny handeha lamasinina izy rehefa miverina any Tana. Nahita izy fa mpianatra i Guitout ary handeha hiverina any amin'ny oniversiten'i Toamasina hamarana ny taom-pianarany izy.

Teny am-pandehanana amin'ny lalana mirary vato mankany amin'ny Ranomasimbe Indiana, mipetraka aty afovoan-tany, niteny tamin'i John i Guitout fa nipetraka any Tana ny fianakaviany, ary namita ny mari-pahaizana ambony amin'ny toe-karena izy. Niteny izy fa hihaona amin'ny fofombadiny, Nivo, izay mpianatra koa ao amin'ny oniversite izao hariva izao.

Ny fahafantarana fa iray amin'ireo ala ahitana rotsakorana tropikaly vitsy sisa hita eo amin'izao tontolo izao no handalovana, nisitraka ny hatsaran'ny voaloboka, orkidea, ampanga, ary hazo lehibe teratany manaraka ny sisin-dalana.

Namafa ny hatsembohana teo amin'ny handriny izy raha nandalo tamin'ny ala manaloka matevina, fambolena kafe, ary ny fambolena fary.

Nitantara mikasika ny ankohonany any Afrika tamin'i Guitout i John ary niresaka ny Fiangonan'ny Nazareana. Tahaka ny liana mihaino mikasika ny fiangonana i Guitout ary nanasa an'i John niara-nisakafo taminy tao amin'ny efitranony rehefa tonga. Nilaza izy fa mahazo teny Anglisy bebe kokoa noho izy ny fofombadiny ary hanampy azy hahazo ny resaka ifanaovana tsara kokoa izany.

Teny an-dalana, nijanona teo amin'ny tanana kely iray izy ireo hisakafo maraina. Nidina tamin'ny taxi-brousse ny olona rehetra ary nandeha nanaraka ny sisin-dalana misy mpivarotra. Raha nividy trondro voahendy ny ankamaroan'ny mpandeha, John kosa nividy fonosana 10 kitapo kely plastika antsoina hoe voanjo. Farany, rehefa nizara ilay voanjo tamin'i Guitout i John, dia voatery nijanona ny fiara teo amin'ny tetezana nohon'ny fahatsetsenan'ny fifamoivoizana. Nidina ny mpandeha ary nandeha teny amoron'ny renirano sady nahita ireo mpiasa lehilahy niezaka nanolo ny hazo teo amin'ny lalan'ny fiara teo amin'ny tetezana. Tao anatin'ny ora telo niandrasana, dia nanjary nifankazatra tsara kokoa John sy Guitout ary nifampiseho sary. Nanasa an'i John hijanona hiaraka aminy mandritra ny alina i Guitout. Rehefa niala ireo ekipa mpanamboatra, dia niverina niditra tao amin'ny fiara izy ireo ary nanohy niatsinana.

Guitout sy Nivo

Nialohan'ny nilatsahan'ny alina, nanontany ny mpamily i Guitout mba hijanona eo akaikin'ny fidirana ao amin'ny oniversite izay niandrasan'i Nivo. Rehefa voampidina avy any ambony ny entan'izy ireo, dia nampahafantatra an'i John an'i Nivo i Guitout, tovovavy Malagasy tsara tarehy, miaraka amin'ny volo lava sady mainty. Nandeha tany amin'ny efitranon'i Guitout izahay telo, iray amin'ireo trano manan-tantara voalalotra tamin'ny toerana misokatra, tokontany feno fasika.

Niteny Nivo fa ho 30 taona i Guitout amin'ny andro manaraka, noho izany dia nanontany azy ireo John raha afaka manasa azy hisakafo mba hankalazana izany. Niantso taxi teo amin'ny fidirana amin'ny oniversite izy, ary John no nandoa ny volan'ny mpamily FMG 2,000 (francs Malagasy), mitovitovy amin'ny U. S. $1. 00.

Nanaraka ny sakafo dia nihinana fehin'ny soabakaka, patsa, ary ny vary izay tsy maintsy eo hatrany, nanaraka ny morontsiraka ireo zatovo telo ary nandeha teo amin'ny seranan-tsambo. Teo ambany hazo rofia sy tarafin'ny kintan'ny lanitra, nipetraka teo amin'ny sisin-dranomasina izy ireo. Nitsioka malefaka nitondra ny onja nohon'ny hafanan'ny andro. Ny fifandimbiasan'ny onja no mandrava ny fahanginan'ny harivan'ny tropikaly. Niteny i Nivo. 'Ity no fotoana voalohany niresahako tamin'ny Amerikana. Tombontsoa manokana izany."

Nanao vavaka mangina i John: "Andriamanitra ô, mangataka Anao aho, ampio hizara ny finoaka amin'ireto mpivady mahafinaritra ireto." Nahatsapa ny fitarihan'ny Fanahy Masina izy raha niresaka momba ny finoany an'Andriamanitra. Na Guitout na Nivo dia samy mpanaraka mafana fo ny Katolika Romana, na izany aza dia mitady zavatra fanampiny amin'ny fifandraisany amin'Andriamanitra izy ireo. Tian'izy ireo ny hahalala hoe ahoana no maha-samy ny Fiangonan'ny Nazarena amin'ny Fiangonana Katolika. Namaly ny fanontanian'izy ireo i John, niankina tamin'ny fahendrena avy amin'ny Fanahy Masina. Nahatsapa ny fitondran'ny Tompo azy ho eo akaikin'ireto mpiavady ireto izy.

Mijery ny antokon-kintana misy ny kintana Fitarikandro, nandefa vavaka haingana tany an-danitra indray i John,

"Mba tariho aho, Tompo. Tsapako amin'ny fomba mahagaga ny fanatrehanao manokana." Nitodika tany amin'i Guitout izy ary nanontany, "Ahoana ny eritreritrao raha antsoin'Andriamanitra ho pastera ianao?"

Tao anatin'ny diavolana tena mamiratra, gaga i John nahita ny fijerin'ny tarehin'i Gitout. "Tena ho voninahitra ho ahy raha lasa pastera ho an'Andriamanitra aho." Nitodika tany amin'i Nivo izy ary nanontany izay heviny momba izany.

Namaly tsy niambahamba izy hoe, "Tena ho tombontsoa lehibe tokoa izany." Nahatsapa i John fa tsy mbola nametraka fahafa-manao ngezabe toy izany izy ireo. Na dia tamin'ny finoana kely nananan'izy ireo aza, dia nahatsapa izy fa afaka manao izany Andriamanitra.

Nangataka azy ireo mba hivavaka mikasika izany i John, ary dia nanaiky hanao izany izy ireo. Nolazainy tamin'izy ireo koa fa maniry ny hanomboka ny fiangonan'ny Nazarena eto Madagasikara izy. Niteny i Guitout hoe, "hanampy anao hanao izany izahay." Namerina indray nivavaka mangina sy nisaotra an'Andriamanitra tamin'ny fomba fiasany i John. Avy eo dia nivavaka i John ho an'ny mariazin'i Guitout sy Nivo ho avy mba hotahian' Andriamanitra izy ireo, ary koa ny asa fanompoana ho avy hataon'izy ireo ho an'ny Tompo.

Teny an-dalana niverina tany amin'ny oniversite, niteny tamin'ilay mpamily taxi i Guitout mba haka an'i John amin'ny 5 ora maraina any amin'ny oniversite ary itondra azy eo amin'ny garan'ny lamasinina ho an'ny fiaingany amin'ny 6 ora maraina hiverina any Tana.

Raha nitsotra teo am-pandrina i John tao an-tranon'i Guitout, dia nisaotra an' Andriamanitra izy noho ny fahagagana izay niseho. Nataony tamin'ny 4 ora maraina ny fanairana ary dia natory izy. Rehefa nifoha izy, dia nankafiziny ny kafe Malagasy iray kaopy miaraka amin'ny mofo asiana tantely ary avy eo dia niomana hihaona amin'ilay taxi.

Tonga ny tamin'ny dimy maraina. Tsisy taxi. Avy eo 5:15. Tsy mbola nisy taxi ihany. Nanome antoka an'i John Guitout fa afaka mahazo taxi eo amin'ny fidirana amin'ny oniversite. Tamin'ny 5 ora sy sasany, tsy nisy fiara. Nanontany tena i John raha hahatratra ny fiaingan'ny lamasinina amin'ny 6 ora maraina. Nanapa-kevitra izy ireo fa handeha an-tongotra dimy kilometatra latsaka kely ho any amin'ny gara. " Tokony ho betsaka ny taxi amin'izany fotoana vao maraina izany," hoy Guitout. Kanefa, tsy nisy taxi na dia iray aza teny an-dalana. Afaka adiny iray dia tonga teo amin'ny gara izy ireo ary nahita fa efa lasa ny lamasinina. Niala tsiny foana i Guitout.

"Aza manahy an'izany," hoy John. "Matetika Andriamanitra no manana planina ho antsika izay tsy fantasika ny momba azy." Napetrany amin'ny ilany ny fampifandraisana ny eritreriny hoe lany amin'ny andro manaraka ny visa, ary mila manenjika ny fiaramanidina hiverina any Afrika Atsimo izy. "Koa satria tsy nahatratra ny lamasinina aho, dia inona izany no azontsika atao miaraka?" nanontany izy. " Handeha taxi-brousse aho hiverina any Tana anio alina."

Nanome soso-kevitra i Nivo mba hanao fitsangatsangana noho ny fitsingerenan'ny taona manaraka ny morontsiraka rehefa tolakandro. "Toa tsara izany," hoy John. "Angamba afaka mandeha posy-posy isika." Tamin'ny fahatongavana voalohany dia nahita ireto fitateran' olona amin'ny bisikileta izay nampidirin'ny Sinoa taty Madagasikara taona maro lasa izay.

Nandeha tamin'ny posy-posy niverina tany amin'ny oniversite izahay, ary avy eo dia namono akoho i Guitout ary nanongotra ny volony. Nandrahoan'i Nivo ny akoho, nanao salady ovy izy ary vary, ary nandeha tany amoron-dranomasin'ny Oseana Indiana avy eo izy telo. Nampitandrina an'i John i Guitout mba tsy hiroboka amin'ny ranon'ny oseana satria misy atsantsa mihinan'olona amin'io toerana io. Tamin'ny herinandro lasa, nisy lehilahy iray nidina hatreo amin'ny lohaliny ny rano raha nandrombaka azy ny atsantsa ary nahafaty azy tao anaty rano. Taorian'ny fitsangatsangana, dia nandeha teny an-tsena izy ireo. Malaza amin'ny fanondranana dipoavatra,lavanila, kafe ary jorofo i Toamasina. Nividy azy efatra i John.

Nandany ny tontolo androny niaraka tamin'i Guitout sy Nivo i John, nijoro vavolombelona sy nizara ny finoany.

Nampanantena izy ireo fa hifanoratra, ary nanasa an'i John ipetraka ao amin'ny ray aman-dreniny i Guitout rehefa any Tana rehefa mandeha aty Madagasikara indray izy amin'ny fotoana manaraka.

Nony hariva ny andro, niondrana tamin'ny taxi-brousse John ary nandao ny namany vaovao tamin'ny fo feno alahelo izy. "Veloma". Nitodika any amin'ny varavarankelin'ny fiara izy, ary nandray ny tananany i Guitout sady niteny hoe: "ao ariana indray". Rehefa nandeha ny fiara, dia nijery mialoha izay ho avy manaraka i John. Nivavaka izy mba handray an'i Kristy ao am-pony i Guitout sy Nivo.

Nandritra ny ora maro ny alina, raha niozongozona ny fiara izay tena feno teny am-pandehanana, John kosa nandinika ny fomba mahafinaritra nanaovan'Andriamanitra ilay fahagagana. Raha nandeha fiaramanidina izy nankany Toamasina, dia tsy ho afaka nihaona tamin'i Guitout. Raha nahazo ny toerana nofandrihana ho azy hatrany amboalohany izy, dia tsy ho afaka nipetraka niaraka tamin'i Guitout tamin'ilay taxi-brousse. Raha afaka nahatratra ilay lamasinina izy, dia tsy afaka nizara ny filazantsara tamin'i Guitout sy Nivo. Fifandrifian-javatra? Tena tsy izany! Fandaminana araka ny fotoanan' Andriamanitra nanaovany fahagagana ve? Tena izay.

7

Voantsindron'ny antsy teny an-tsena

Jolay 1992

Roa volana taty aoriana, nandeha tamin'ny sidina isankerinandron'ny Air Madagascar i John sy i Dave Moyer misionera Nazareana miaraka aminy, diany faharoa ho an'i Madagasikara izao. Satria antenantenan'ny ririnina izao any amin'ity toerana ambanin'ny ekoatora, nanaovan'i John ny parka maintiny, salasalany ny lanjany ary misy fanidina hidikorisa. Feno fisaorana izy noho ny paosy miparitaka fito aminy, nofenoiny kasety avy izay fanomezan'ny fiangonana telo tany Etazonia. Nanao planina izy fa hozarainy amin'ny izay olona liana any Madagasikara.

Lasa tany amin'i Guitout sy Nivo ny fisainan'i John rehefa nidina nakany Tana ny fiaramanidina. Tsaroany ny nahitany azy ireo farany tamin'ny nikopa-tanana azy roa volana lasa. Nahazo diplaoma tamin'ny herinandro lasa ihany ve izy ireo araka ny planina? Nahavoaray ny taratasiko arapotoana ve izy ireo, nampahafantatra ny fitsidihako? Miandry ahy ao amin'ny seranam-piaramanidina ve izy ireo?

Nitazatazana avy tamin'ny varavarankelin'ny seza aorinany i Dave, nanapaka ny fisainany. "Tahaka ny feno trano ery ambany ery izany," hoy izy, mikapoka ny sorok'i John. "Firy ny isan'ny olona monina ao Tana?"

"Ny statistika milaza manodidina ny 1 tapitrisa," navalin'i John. Namerina ny fifantohany tany amin'ny ireo trano sy ireo tanimbary eny ambany izy. "Andraso fa hitanao rehefa eny an-dalana isika hoe manao ahoana ny fahakaikezan'ireo trano."

Nandalo teo amin'ny fadintseranana, nanaitra indray ny baoritr'i John misy bokikely. Nanomboka nozarain'i John avy hatrany ireo bokikely, fa amin'ity miaraka amin'i Dave manampy manokatra ny baoritra.

Nijery an'i Guitout i John fa tsy nahita azy na i Nivo. Avy eo nahita ny mpamilin'ny ATN izy miandry am-pitsikiana eo amin'ny tarehany.

Niakatra taoriana, hoy i Dave, "Ho aiza isika?"

Niezaka nifandray tamin'ilay mpamily i John fa sahirana niatrika ny fitambaran'ny teny Malagasy sy ny Frantsay. Nitodika tany amin'i Dave, hoy i John, raha nandeha haingana, "tsy fantatro mihitsy, mino aho fa fantany."

Rehefa tonga teo amin'ny tanan-dehibe izy ireo, ilay mpamily nanolotra taratasy an'i John avy tamin'i Paul McBride. "Tongasoa eto Tana, John. Mino aho fa ho ankafizinao ny fijanonanao ao amin'ny Hotely Panorama miaraka amin'ny misionera namanao. Mihaona isika rahampitso ao amin'ny hotely."

"Mazava," niteny tamin'i Dave i John raha niala teo amin'ny familiana izy, "ohatran'ny hoe andeha ho an'ny amin'ny hotely isika, ary heveriko fa izay mihitsy. Mijery antsika i Paul rahampitso."

Ny ampitso maraina, taorian'ny dite sakafo maraina, "croissant" mbola vaovao, ary mofo sokola tao amin'ny efitra fisakafoanana maraina ny hotely, niverina niakatra any amin'ny efitranony i John sy Dave. Notondroin'i John ny Rovan'ny Mpanjakavavy ery ambonin'ny tendrombohitra avo indrindra eo amin'ny iray kilometratra sy sasany mahery kely eo ho eo avy eto amin'ity toerana ipetrahantsika ity. Naka sary vitsivitsy ilay maritrano tsy fahita matetika izy. Naheno nandondona i John ary nosakafany ny varavarana. Paul, nanao pataloha fohy sy ambonin'akanjo, nanolotra ny tanany sady nitsiky be. "Salama Paul," hoy i John, nandray ny tanany, "mandrosoa."

Taorian'ny fampahafantarana, nolazain'i John tamin'i Paul ny planiny mandritra ny fitsidihany mandritra ny herinandro. "Tanjona voalohany indrindra amin'ny fitsidihana ny fandinidinihana ny asa fanompoana miaraka amin'ny ATN. Izahay te hitrandraka lalana manome fahafaham-po ny filan'ireo ankizy tsy manan-kialofana eto Tana sy ny tanan-dehibe hafa eto Madagasikara."

"Rahampitso maraina," hoy i Paul, "andao hihaona ao amin'ny biraoko isika, dia afaka mahita ireo hevintsika."

Ny ampitso, tonga tao amin'ny biraon'ny ATN any afovoan-tanana ny Tana i Dave sy John. Nihaona tamin'i Mamy teo ambaravarana izy ireo ary nampahafantatra an'i Dave tamin'ny mpiasan'ny ATN. Nalain'i John tao anaty kitapony sy nanomboka nozarainy tamin'ireo mpiasa tanora ny horonam-peo—ny ankamaroany eo amin'ny faha 20 sy faha 30 taonany. Nahita traktan'ny fiangonany nitoby avo be izay voatakona ny sasany, tovolahy matanjaka, zanaky ny talen'ny ATN. Sahirana nikapoka ny fitomboka atao amin'ny trakta izay nentin'i John izy, nanaovana printy ny anarana sy adiresin'ny Fiangonan'ny Nazareana.

"Tena manao asa tsara ianao" hoy ny fanamarihan'i John rehefa nijery akaiky ireo bokikely. "Misaotra indrindra ny amin'izay nataonao hanampiana ny fiangonanay."

"Inona no andeha ampiasainao ireto?" hoy ilay tovolahy nanontany an'i John sady nanohy hatrany ny fomba fiasany.

"Ho alefanay any amin'izay hiandraikitra azy ho an'izay manoratra aty amin'ny foibe ATN ka manontany filan-kevitra momba ny fiangonanay na ny hafatray," navalin'i John.

"Faly aho fa afaka manampy anareo izany," hoy ilay tovolahy namaly.

Avy eo nampidirin'i Mamy tao amin'ny varavarana manaraka i Dave sy John izay niandrasan'i Paul azy ireo. Nihaino an'i Paul izy ireo ny amin'ny fahitany ny amin'ny fiaraha-miasa amin'ny fiangonanay. Tonga niditra tao i Sarah, mpanampy manokan'i Paul, nanome azy ireo koa, ary nametraka karatra plastika teo amin'ny latabatr'i Paul. Nalain' i Paul ilay izy. "Heveriko fa nahatsikaritra ianao fa ny olona rehetra izao dia manana mari-pamantarana manokana amin'ny maha mpanao gazetin'ny ATN." Nanaiky i John. "Satria ianao ihany koa dia lasa mpiasa ato amin'ny maha mpitantana ny programa ara-pivavahana, nanapa-kevita izahay fa mila karatra mari-pamantarana ihany koa ianao. Nomen'i Paul an'i John izany. "Namandrihanay ny karatra laharana 1 ianao."

Nanaiky izany i John. "Misaotra Paul. Mampanantena anao aho fa hanao izay tsara indrindra mba hanome lanja ity karatra ity sy hampisy dikany ho an'i Tompoko Mpamonjy Jesosy Kristy. Izao, mba hazahoana antoka fa mety tsara ny fanombohako, andao hojerentsika izay afaka ataontsika izao dia izao."

Nandritry ny telo ora manaraka, Paul, Dave, ary John namantsika hevitra momba ny fiaraha-miasa amin'ny ankizy amoron-dalana sy ny fananganana fiangonana. Nizara ny vinany i John mahakasika ny fanombohana asa fitserana amin'ireo olona tsy manan- kialofana amoron-dalana.

"Tiako isika hanana programa manome sakafo atoandro ary akany fizarana akanjo tonta izay ahafahan'ny olona tonga mahazo fanampiana," hoy i John.

Nanamarika i Paul, "Aza adinoina ny toerana ahafahan'izy ireo midio tsindraindray mba hanalan'izy ireo ny haony. Tokony hisy ihany koa fialofana hoan'ireo reny tsy manambady."

"Ary foibe toerana fitsaboana fisoroahana tsotsotra," nanampian'i Dave azy, "hanampy azy ireo amin'ny fahadiovana fototra sy fitsaboana."

"Satria ny antsasany maherin'ny mponina eto Madagasikara dia latsaky ny 21 taona, mieritreritra aho fa tokony hifantoka amin'ny tanora sy ny ankizy isika amin'ny karazana asa fanompoana hafa," soso-kevitr'i John. "Hevitra iray ihany koa ny manana trano izay ahafahantsika manao asa fanompoana amin'ny endriny maro samihafa, tahaka ny trano fisotroana kafe ary trano mpamokatra tantara Kristiana, mampiasa ireo mpilatsaka an-tsitrapo matihanina na ampahany avy any Etazonia. Manao zavatra tahaka izany ny fiangonanay any amin'ny Lamb's Club any New York City."

"Tena tsara izany," hoy i Paul nitsatsaingoka. "Manao ahoana raha manao fampisehoana lehibe hakana tombony, mampiasa ireo artista fanta-daza iraisam-pirenena mba hitadiavana vola ho an'ireo hevitra ireo? Afaka manomboka mitady ny ATN, afaka manomboka mitady mana-talentan'ny mozika hampandrosoana amin'ny kaonsertra mozika, izay azo ampiana hitady vola hoan'ny ankizy mpirenireny."

"Ahoana raha manana olona mampianatra fahalalana fototra ara-tsosialy sy fianarana asa ho an'ny tanora tsy mianatra?" hoy i Dave. "Afaka mampianatra teny Anglisy ihany koa isika amin'ny maha tenim-pirenena faharoa azy ary manome toro-hevitra."

"Tena tsara izany hevitra izany ry Dave," hoy i John namaly. "Amin'ny resaka ara-panahy indray, hitako fotoambavaka, fianarana ny Tenin'Andriamanitra isan-kerinandro, fivarotam-boky Kristiana, ary kilasy fanaovana mpianatra ho an'ny olona voafidy."

"Hevitra hafa" hoy i Paul, "manana fandaharana amin'ny radio na televiziona natao eto an-toerana ary alefa amin'ny alalan'ny ATN. Satria mino ny ataonareo aho sy ny fahavononanareo hiara-hiasa amiko, tsy ampandoaviko vola ianarao amin'ity asa fanompoana ity."

"Tena tsara fanahy ianao," hoy i John. "Miaraka amin'ny serasera, hitako fa afaka ampiasaina ny televiziona na ny radio amin'ny Fanitarana ny Fanabeazana ara-teolojika. Te ahita antsika aho manofana pasitera na aiza na aiza misy azy ireo. Fanampin'izany, maro no niteny ahy tamin'ny diako voalohany fa misy filana lehibe ho an'ny boky sy gazety Kristiana. Afaka manangana biraon'ny fampandrosoana literatiora sy fivarotam-boky Kristiana isika. Any aoriana, afaka manamboatra ny milina fanontana hoantsika isika ary manomboka mamokatra boky sy gazety Malagasy sy Frantsay."

Nitohy hatrany hatrany ny fifanakalozan-kevitra teo amin'izy telo lahy. Farany, nanontany i Paul, "Ahoana raha atomboka amin'ity herinandro ity ry rahalahy?"

Nifampijery i John sy Dave. "Tsy mbola mihevitra izany aho," hoy i John ampisalasalana, "mbola tsy niomana hanomboka ireo hevitra ireo izahay ry Paul."

Nihomehy i Paul. "Tsy ireo hevitra ireo no tiako hotenenina. Nilaza ianao teo ry John, te hanampy amin'ny fanomezana akanjo tonta ho an'ireo ankizy amoron-dalana ao amin'ny Ermitage Hotel any Mantasoa. Raha manao izany ianao, hanao fanadihadiana amin'ny televiziona aho ary alefako manidina amin'ny vorona rampitso maraina."

"Inona no 'vorona'?" nanontany i Dave.

Nihomehy, niteny John hoe, "Izany no fomba fitenin'i Paul ilazana fa halefany amin'ny televiziona ny famantarana ny toeran'ny satelita hatrany amin'ny ekoatera. Voaparitaka izany ny famantana ny fandefasana ny diatongotra mameno ny iray ampahatelony ny velaran'ny tany."

Ny Alakamisy, sahirana nitazona baoritra misy akanjo tonta i John sy Dave. Nahita ny tarehin'ireo ankizy amorondalana maloto mirana i John ary ny mason'izy ireo nisokatra ngezabe rehefa nandray ny akanjony vaovao. Ny endrik'izy ireo milaza, "Ity no zavatra tsara indrindra afaka ataonao anay." Fantatr'i John fa mbola misy maro afaka tanterahina.

Nampiasa mpandika teny, nilaza tamin'ireo ankizy sy olondehibe nipetraka tamin'ny tany teo anoloany izy fa indray andro any ny Fiangonan'ny Nazareana hoavy eto Madagasikara ary mbola hanao mihoatra hanampiana azy ireo. Nilaza izy fa ny fiangonany dia mikasika ny teo-batana sy ny toe-panahy. "Tia anao Andriamanitra ary izahay ihany koa," namaranany azy. Ny taratry ny tarehiny manamafy amin'i John fa ity marina no toeram-pijinjana izay niantsoin'Andriamanitra azy hiasa.

Ny Zoma maraina, ny tontolo andron'izy ireo farany, nilaza tamin'i Dave i John hitondra azy any amin'ny zoma, teny Malagasy filazana amin'ny tsena sady zoma koa ny andro. Nientanentana i Dave rehefa nanidy ny valiziny vita amin'ny hoditra.

"Tena nanao planina ve ianao hitondra io valizy lehibe miendrika lafobe ho an'ny amin'ny zoma?" hoy i John nanontany.

"Eny," navalin'i Dave, sady naka ilay valizy.

"Tsy fantatro," i John nandinidinika mafy. "Mety ho lasibatrin'ny mpangaro paosy ianao."

"Ity ihany no hananako hitondrana ireo izay voavidiko," namaly i Dave. "Na izany aza, tsy mahita anao mitondra na inona na inona aho."

"Tamin'ny diako farany efa nividy harona vita eto antoerana aho tahaka ny ampiasain'ny Malagasy rehefa miantsena," hoy i John. "Mieritreritra aho fa hanao tahaka izany koa androany. Mety tsy tahaka ny anao, fa tsy dia mora voamarika. Andao ary aloha hiara-hivavaka izao mba ny anjelin'Andriamanitra no hiaro antsika."

Ny *zoma* (tsena) ao Tana

Taorian'ny vavaka, nandray ny fiara fitateram-bahoaka nivezivezy avy any amin'ny hotely mankany amin'ny tanandehibe izy ireo. Avy eo nandeha nidina tamin'ilay tohatra fantatra eo an-toerana hoe "ny dingan'ny tomany anarivony." Ireo mpivarotra ao anaty toerana mitsangana manaraka ny totohatra mampiseho ny entana aman-jatony, anisan'izany karazana solomaso maro samihafa. "Nisy olona nanambara tamiko fa ireo solomaso ireo dia mety nangalarin'ny mpangaro paosy izay maka izany avy amin'ny ireo olona mandeha taxi mandalo miadana eo antsena," hoy i John.

Nahita ireo latabatra misy vatomamy avy any ivelany, sigara, fihogo, penisilihazo, ary labozia. Adolantseto, mandendeha miakatra sy midina ny tohatra miaraka fehikibo vita amin'ny hoditra menarana voafatopatotra amin'ny sandriny, miezaka mafy hivarotra ny entany. Talatalam-pivarotana voasarona feno savony, satroka tsihy, kiraro mamiratra, fitaovana fanjairana ary kapa. Ireo lehilahy nampiseho fitombokase izay nolavahany sy namboariny tamin'ny hareza. Latsaky ny roa arivo ariary no hanamboarany tombokase tena mitovy izay nalainy tahaka na avy amin'ny firenena iza na iza no fidianao.

Avy any ambany indrindra amin'ny tohatra, nitobaka betsaka ireo olona niakatra any ambony amin'ny faran'ny tsenan'ny zoma. Avy hatrany izy ireo dia sempotry ny ranomasin' ny mpivarotra ka nandeha miadana eo ambany rahon'ny elo fotsy. Raha mbola afaka tazana, ilay lamba fanaovana sary hosodoka izay fanao fialofana misy haingony eo ambony no nihazona ny masoandro sady niaro ny orana tamin'ireo mpivarotra sy ny olona marobe mifamezivezy. Namoaka vola ividianana harona i John, nilaza tamin'i Dave hanakaiky azy kokoa. Fifandonana sy fifandronjindronjinana, tafita hatreo amin'ny toerana fivarotana voankazo sy legioma izy ireo, toerana izay nahitan'izy ireo ny haben'ny zavatra rehetra, ny bikany, ary aloky ny vokatra tropikaly.

Nahita ankizy amoron-dalana ihany koa izy ireo nihazakazaka nankeny amin'ny mololona mangahazo, nitsipona vokatra efa nariana, ary mangataka mofo. Ny misionera roa nandeha nanohy ny lalany eny amin'ny mpivarotra ao ambanin'ny elo fotsy afaka hoentina. Nijerijery ny manodidina foana i John, nanaitra sao dia misy olana. Matetika mahita tarehin'olona ohatrany efa tazany taloha izany izy.

Nividy ny harony, nanomboka nitari-dalana mifanohitra amin'ny faran'ny zoma i John, akaikin'ny fiantsonan'ny fiaran-dalamby. Toa ohatrany fenobe ny tsena, noho izany niezaka nandeha mafimafy kokoa i John. Lehilahy mitondra gisa anankiroa naneno mafy niezaka nihoatra azy. Nitady hisidina ireo gisa tamin'io fotoana io, ary nisambotra ireo elany i John satria tsy voafehin'ilay lehilahy izany. Taorian'ny fitabatabàn'ny gisa sy ny fangejan'ny tompony azy, nijery an'i Dave teo amin'ny manodidina i John. Tsy nahita azy.

Taoriana kely, naheno feo niantsoantso hoe, "Hey!" Tahaka ny feon'i Dave ny fahenon'i John azy, ary niverina tany amin'ny lalana feno vahoaka. Tsy ela dia hitany i Dave tsy afa-miaina ary nanontany azy fa inona no nitranga.

"Nisy lehilahy telo nanantona ahy," hoy i Dave nanomboka, "ary ninia nihatra taty amiko. Heveriko fa andeha hanenjika ahy, noho izany dia nihikika mafy aho araka izay vitako. Niaraka tamin'izay, nosamboriko ny valiziko ary nosintomiko tany amin'izy ireo. Nihazakazaka tany amin'ny zotra telo izy ireo, rehefa nijanona ny olona rehetra manodidina ahy hijery."

"Andao ary andeha mafimafy amin'izay," hoy i John namporisika an'i Dave. "Manakekeza aoriako, raha azonao atao."

Nandroso hatrany tsy an-kiato ny lalan'izy ireo mandalo amin'ny mpanjifa ny tsena, nivazavaza tao amin'i Dave i John, "zoma no tsena faharoa an-kalamanjana lehibe indrindra eran-tany."

"Mino izany aho," hoy i Dave nanamafy. "Aiza no lehibe indrindra?"

"Tsy misy mahalala," hoy i John nihomehy. Dia avy eo, hitany ireo endrika tovolahy anankiroa izay azony antoka fa efa hitany indroa tamin'ny maraina teo. "Dave, mieritreirtra aho fa misy olona manaraka isika. Miambena tsara amin'ny zavatra rehetra," hoy izy nampitandrina.

Nijanona hividy taozavatra maro maro izahay, napetrak'i Dave teo amin'ny tany ny valiziny, nivaha ny fatotra fanidiana azy, ary nivoha ny hidiny. Isaky nanao izany izy, misy olona vitsivitsy mijery ny dingana atao. Tsy nitsahatra nijery ireo lehilahy roa ireo i John. Nitopy maso tamin'izy ireo indray, tsy nitsahatra nijery azy ireo izy mandra-pahitan'izy ireo ny fandinihana nataony. Niodina izy ary tsy hita intsony fa niditra tao an'ny vahoaka mifanizina.

Taorian'ny 45 minitra nisitrihany teo amin'ny sisin'ny elo, nitsambikina teo amin'ny lakan-drano maloto tsy nisarona izy, fifanakalozan'entana amin'ny ady varotra, manifanisika amin'ny sisin-dalana mandalo ny faneren'ny olonamaro mifanizina, tratrarin'i Dave i John. "Efa manomboka reraka aho. Afaka entinao ve ny valiziko?"

"Mazava ho azy," hoy i John namaly, "nanolotra izany ary nanakekezany hatrany aoriana izy."

Mpivarotra sy elo miaraka amin'ny talatalana eny amin'ny *zoma*

Namindra ny harony amin'ny tanany havia izy ary nandray ilay valizy amin'ny tanany havanana, niainga i John miaraka amin'i Dave aoriany. Nanapa-kevitra hiova zotra izy ahitana raha tafiala amin'ireo mpanenjika azy. Nanohy nandeha miadana izy, nidify nanodidina posy-posy nitondra vary ary ary nilefa tamin'ny lalana ety feno entana hatrany ambony amin'ny sisiny roa miaraka amin'ny harona isankarazany feno voan-kafe, harona plastika feno jirofo, vodina sakamalao mavo antitra, vodina tongolo lay, tahon'ny hazo kanelina, ary fehezana vanila lava.

Taorian'ny folo minitra nanaovana sarinady handosirana, nipoitra teo amin'ny arabe tena izy ihany izy ireo. Ny tena fototry ny tsena zoma, dia ny lamba manemitra ny elo fotsy anarivorivony. Ny laharan'ny fifamoivoizana iray, dia saika taxis daholo, mikisaka amin'ny lafiny roa.

Ivelan'ny rarivaton'ny arabe, nanohy ny diany tao anatin'ny fifamoivoizana, nifidy ny lalana nandalo fivarotana voarafitra amin'ny vy voasarona lamba izay niarovana ny fampisehoana tena tsara ny petakofehy lamba latabatra natao tanana. Nijanona tamin'ny fifanakalozana entana, namoaka vola Malagasy avy amin'ny fitoeram-bolany nafatony manodidina ny valahany i Dave. Nanao topimaso ny manodidina i John ary kivy nahita ireo lehilahy roa miotrika ihany ireto. Nahita an'i John nijery azy ireo ary dia lasa tsy hita. Nijanona tsy naka sary intsony i Dave raha nalain'i John ny valiziny. "Tazomy mafy tsara ny fakantsarinao," hoy John nampitandrina.

Eny am-pandehanana, eo anatrehan'ny anjombon'ny fiara, ny antsoantson'ny mpivarotra, ary ny feo mampiova hevitra avy amin'ny kasety amidy, hitan'i John indray ireo lehilahy tokony ho folo metatra eo alohany. Nijanona i John. "Inona no mitranga?" niantso avy ao aoriana i Dave.

Tsy namaly i John fa mbola niezaka nibanjina ireo fahavalo tery ambany. Tamin'ity indray mandeha ity dia tsy nahomby, ary ninia nanantona azy mihitsy ilay lehilahy. Nanomana ny sainy hifanehatra amin'ity lehilahy ity i John. Inona ary no hataon'ity lehilahy ity? Inona no lalana tsara handosirana? Hitan'i Dave ve ity lehilahy ity? Aiza ny mpiaraka aminy? Ny tabataba tao an-tsena no nanjary ho fototry fiakaran'ny fihetsem-po izay namoaka rano nitobaka tamin'ny tenan'i John. Lasa navitrika daholo ny taovam- pandrenesana rehetra. Nahatsapa ho tsy nisy fiarovana i John raha nijoro tamin'ny tany. Miaraka amin'ny harona mihantona amin'ny sandriny ilany avy, nanenjana ny tenany izy ary nandefa sentom-bavaka nangataka ny fiarovan'Andriamanitra.

Tao anatin'ny segondra kely fotsiny, nanao dingan-dava ny lehilahy iray ary nanangana ny tananilany. Nanakatra ilay valizy ny tananilany iray. Ren'i John ny sorok'ilay lehilahy nanosika ny sorony, ary nisy zavatra nanindrona ny tratrany. Nanainga ny harona roa izy, nanosika azy ireo nankany amin'ny vatan'ilay lehilahy, ary niatsambotra taminy tamin'ny fihetsika indray miseho fotsiny.

Niodikodina tamin'ny atsasa-paribolana ilay lehilahy sady nivandravandra teo amin'ny manodidina ny olona marobe sy ny fifamoivoizana. "Tandremo!" niantsoantso i John, raha nahita ilay lehilahy nijanona nitambesatra tamin'i Dave niaraka tamin'ny namany tamy nanantona azy niaraka tamin'ilay mpiray tsikombakomba avy aoriana.

Nahare ny feon'i John, nijanona ilay mpanafika, nitodika, ary nijery an'i John. Nifanojo ny mason'izy ireo, ary tao anatin'ny iray minitra na roa dia afaka nahita avy hatrany ny fijery miavon'ilay lehilahy i John. Nitazona ny fijeriny izy, nanantena fa hanana fotoana i Dave iala amin'ireo mpanafika manantona azy avy aoriana.

Nony avy eo dia nipipika ny mason'ilay lehilahy, ary nitodika nijery an'i Dave nandroso izy. Nahita ireo mpanafika izy ary nanatoka ny lohany nankeo amin'ny taxi nandalo. Nitsambikina taorian'ilay fiara izy ary nanomboka nandeha haingana tahaka ilay fiara, niondrika mba tsy hahitan'i John azy. Nidify tao anatin'ny vahoaka ireo mpanafika. Fantatr'i John fa izay no lalana tokana ao anatin'ny segondra iverenan'izy ireo hanakaiky azy indray. Tahaka ny kivy izy ireo tsy nahazo izay heveriny ho lafo vidy.

Nitodika tany amin'i Dave i John sady nanondronondro. "Araho ery amin'ny fivarotana glasy Honey aho. Mihazakazaha!" niantso mafy izy.

Nitodika John ary nahita fivarotana nampiseho vilany tany mora vaky niparitaka teny amin'ny sisin-dalana. Fantany tsara fa tsy afaka handeha mialohan'ny toerana misy ireo mpanendaka izy izay nihaodihaody manodidina ny taxi, nitorovaka izy ary avy eo nitsambikina nandalo teo amin'ireo bakoly sy vilany tany mora vaky. Teo ampahatongavana, dia niandry ny haheno ny fofon'ny vilia bakoly teo ambany kirarony izy. Mahagaga, nihanazava taminy ny fampisehoana rehetra ary nijanona nihazakazaka mafy izy. Niferinaina, nihodikodina, ary nifandray, nandalo ny tsena rehetra nisokatra ary nitsambikina teo ivelany teo anoloan'ny trano fivarotana mofomamy mangatsiaka. Napetrany ny entany, niodina izy, ary nitady an'i Dave. Voatsikariny izy eo am-pihazazahana amin'ny fifamoivoizana ary tamin'ny fisisihana amin'ny lalana izay voaterin'ny olona betsaka.

Sempotra, tonga teo amin'i John ihany. "Tsy maintsy mandeha amin'ny toeran-kafa isika", niteny izany sady sempotra izy. Noraisin'i John ny valiziny ary hoy izy, andao hiditra ato dia hisakafo kely isika. "

Niditra tao amin'ilay fivarotana mafana izy ireo ary nipetraka teo amin'ny seza mba handamina ny planina manaraka. "Mila miverina any ivelany isika ary mandray taxi hodiantsika any amin'ny trano fandraisam-bahiny misy antsika", hoy Dave.

Nitsangana teo amin'ny toerana nisy azy i John ary niresaka tamin'ilay tale, kanefa tsy nahazo teny anglisy izy. Notondroiny tamin'ny tanany i Roger, iray amin'ireo mpiasa ao aminy. Nanatona an'io tovolahy manana endrika tatsinana io i John sady nangataka azy mba hiara- handeha aminy haka taxi. Nohazaivany izay nitranga teo. Nihoraka i

Roger, "aza maka taxi eo aloha eo. Tena mampidi-doza."
Nanopy maso an'i Dave izy. "Aiza ny entanao?"

Nentin'i John nankeo amin'ny sezany izy ary nasehony azy izay nananany. Niantso mpiasa roa hafa i Roger izay tamy, ary naka iray avy tamin'ny entany ireo. "Araho aho, azafady", niantso i Roger. Noentiny avy any aoriana izy ireo nandalo tamin'ny lakozia izay nanokatra ny mason'ireo mpahandro tena gaga nahita ireo andian'olona manao karavana hafahafa nandalo ny tanin'ny fandrahoan-tsakafo, ary koa tamin'ny efitrano maizimaizina fanasiana entana. Nanontany tena i John izay mety handehanany.

Rehefa tonga teo amin'ny vararan-droa fitehirizana entana mavesatra, nampiakaran'i Roger ary nasosany nisokatra. Navoakany moramora ny lohany nandalo irika kely, nijery am-pitandremana ny lalana roa i Roger. Nanomboka nahatsapa ho toy ny amin'ireny olona milalao anaty tantara foronina mampitaitaina ireny i John. Nanao ny tanany tao aoriana izy, nanome famantarana ireo namany i Roger mba hanaraka azy. Nanaraka izy ireo ary niroso teo amin'ny hazavan'ny masoandro.

Nanidy ny lalana havia i Roger, lavitra ny sampan-dalana mizara efatra, nihazakazana teo aoriany ireo lehilahy efatra. Rehefa tonga teo amin'ny rindrina farany, dia niodina tao amin'ny zorony izy ireo ary nanohy nihazakazaka. Niampita tamin'ny lalana hafa, naka taxi iray Roger ary niady varotra tamin'ilay mpamily mba itondra an'i John sy Dave any amin'ny tranombahinin'izy ireo. Nisaotra betsaka an'i Roger izy ireo, niakatra tao amin'ny taxi. Nandritra ny fiverenana tany amin'ny tranombahiny dia niresaka ny nahafahan'izy ireo soamantsara.

Tao amin'ny efitranony, nandohalika izy ireo ary nisaotra an'Andriamanitra ny amin'ny anjely mpiambina azy. Ny alina, nandritry ny sakafo hariva niaraka tamin'i Paul McBride, notantarain'izy ireo ny zavatra niainany. Hoy i Paul, "tena tian'Andriamanitra ianao ho tonga eto Madagasikara ry John, mba hiarovany ny fiainanao tahaka izany."

Ny ampitso maraina, eo ampanomanana ny entany hiverina any Afrika Atsimo, nanaovan'i John indray ny akanjo ba maintiny ary nijery fitaratra. Nahatsikaritra zavatra tsy mety ny paosy nifanintsy tamin'ny tratrany ankavia, dia niondrika nijery izy. Hitany fa nisy rovitra mitsivalana nitsofoka any anaty paosy. Voahety tamin'ny lelan'antsy. Nieritreritra avy hatrany ny dona nahazo azy teo amin'io faritra io izy tany an-tsena ny andro teo aloha. Raha nanindrona ahy ilay lehilahy, nahoana no tsy nakany amin'ny foko izany?

Nahatsapa zavatra mafy tao anatin'ilay paosy i John ary nanokatra izany. Rehefa nanokatra ilay paosy izy, nahita kasety horonam-peo anankiroa nipetraka tsara tao. Tonga saina izy fa tena adinony ny namoaka azy roa ireto tamin'izy nizara ireny tamin'ny mpiasan'ny ATN tany am-boalohan'ny herinandro. Nosintominy nivoaka ireo.

Ireo kasety ireo dia samy avy amin'ny Fiangonan'ny Nazareana Kolejy Olathe. Nitsivalana hatrany ambony, nisy voadidy nanaraka ny soratra nanamarika ny kasety sy tao anatin'ny plastika izay teo amin'ny fony. Nanozongozona ny lohany izy ary namaky tsy ampinoana ny lohatenin'ny toritenin'i Paul Cunningham, "Hatraiza ny fahavononantsika andeha?" Nampiakatra moramora ilay kasety tao ambany, novakiany ny lohateny ny toriteny hafa, "Miatrika ny fahavalonao am-pinoana." Nangoritsina hatrany ambonin'ny hazon-damosiny ka hatrany amin'ny ranjony ambany.

"Dave, avia aty dia jereo ireto. Heveriko fa tokony hivavaka indray isika." Nazavain'i John fa nanindrona azy ilay mpanafika; fa, am-pahombiazana satria akanjo ba manohitra bala, ireo kasety adino nisakana ny lelan'antsy tsy handratra. Ireo misionera anankiroa nandohalika teo alohan'ny fandriana ary nanatitra ny saotra ho an'Andriamanitra nanome fiarovana hamonjena ny fiainan'i John.

Kisendrasendra ? Sanatria. Fahagagana hafa ? Azo antoka. Manana fomba manokana Andriamanitra hiarovana ny zanany. Hoy i John tamin'i Dave rehefa niandry teo amin'ny trano fiandrasana ny sidina, "fantatrao, iny fahatsapana omaly iny nanampy tamin'ny fanamafisana indray ny antson'Andriamanitra ho ahy hankaty Madagasikara."

8

Voafafy ny voa

Septambra 1992

Nipetraka irery teny amin'ny seza aloha i John tamin'ny fiverenany fahatelo tamin'ny diany tany Madagasikara. Nanontany tena izy hoe karazana fanaitairana toy inona indray no hitranga ao anatin'ny telo herinandro manaraka. Sady namadibadika ny boky nomen'ny mpiandraikitra ny zotra Air Madagascar, no nanao indray mitopy maso tamin'ny varavarankely i John. Tamin'ny diany farany niaraka tamin'i Dave, dia nanantena hihaona tamin'i Guitout sy Nivo izy. Faly izy naharay ny taratasy avy amin'izy ireo niala tsiny fa tsy afaka tafahaona taminy.

Namaly azy ireo avy hatrany i John ary nilaza azy ireo momba ny diany. Mino aho fa ho tonga any amin'izy ireo amin'ny fotoana mety ny taratasiko. Mety efa miara-mipetraka amin'ireo ray aman-dreniny aty Tana izy izao. Nieritreritra ny fax voarany omaly avy tamin'i Kenny Bisagno miasa amin'ny ATN i John. Mazava ho azy, tsy filoha intsony i Paul McBride; ary Kenny, iray tamin'ireo tale, no nandray ny toerana.

Nitazana sambo kely tamin'ny ranomasina teny ambany lavitra eny i John, no nahatsiaro ny andro nihaonan'izy sy Paul tamin'i Kenny. Nipetraka teo ambanin'ny elo mavomavo teo amin'ilay toeram-pisakafonana mahazatra azy i Paul sy John no niady hevitra ny amin'ny vesatra amin'ireo ankizy amoron-dalana niaraka tamin'i Kenny ary nahita mpihaino tia mamaly. Izy, koa, dia te-hanampy ny ankizy raha vao tonga avy avy Afrika Atsimo izy. Tian'i John i Kenny; ary izao, dia miseho, Kenny no filoha vaovao. .

Tapaka ny eritreritr'i John raha nandeha ny filazana fa mila manantona ny toerana ary mamatotra ny fehikibo. Raha nipetraka ny Boeing 737, dia nientanentana tokoa izy tafaverina tamin'ny Nosy Mena lehibe izay niantsoan'Andriamanitra azy. Nandalo ireo mpisava amin'ny fadin-tseranana, dia nihaona tamin'i Kenny i John, izay nanazava bebe kokoa mikasika ny fiovana ao amin'ny ATN. Nijanona tampoka i John. Roa metatra eo alohany, miaraka amin'ny tarehy feno tsikisiky, nijoro Guitout sy Nivo. Nazeran'i John ny entany, nandroso haingana izy, ary namihana azy tsirairay. "Tonga, John," hoy Guitout amin'ilay misionera tena mahavariana, "faly tokoa izahay mahita anao."

Fihomehezana sy firesahana noho ny fihaonana tamin'ireo namany indray, nahatsiaro an'i Kenny i John izay mbola niaraka taminy teo. "Tianay ianao hiara-mipetraka aminay, John, raha mety," hoy Guitout. Nitodika tany amin'i Kenny John, ary taorian'ny fampahafantarana azy ireo, dia nanova ny fifanarahana niaraka taminy izy. Niaraniala teo izy, nandeha niaraka tamin'i Guitout sy Nivo i John ary nandray fiara taxi be tany an-tranon'i Nivo. Nalamin'izy ireo ho niaraka efitrano i John sy Guitout tao amin'ny tranon'ny fofombadiny. Niaraka nandeha tany an-tranon'i Guitout izy telo rehefa sakafo atoandro isan'andro.

Maman'i Nivo, Neny, nihaona tamin'izy ireo teo ambaravarana. Ny volo maintiny sy bikabika dia mitovy amin'i Nivo. Nasehony an'i John sy Guitout ny toerana hatorian'izy ireo, ary avy eo dia nentiny nijery ilay trano voalamina tsara dia ny efitrano fandraisam-bahiny, izay toerana nipetrahana sy niresahana momba ny fianakaviana. Ny rahavanin'i Nivo, Lanto, dia tonga taty aoriana kely ary niarahaba an'i John ary nandeha avy eo fa manana fotoana amin'ny tovolahy namany.

Tena tian'i John ny miara-mipetraka amin'ny fianakaviana Malagasy tao anatin'ny telo herinanandro. Nihinana sady niresaka miaraka, nianatra teny Anglisy tamin'i John izy ireo, nianatra teny Malagasy sy Frantsay avy amin'ireo kosa i John. Nentin'izy ireo nandeha niantsena izy, nitsidika ny namany, ary tamin'ny fankalazana fahaterahana aza. Nanomboka fantany ny fomba fiainan'izy ireo.

Ny alina faharoa, nitsotra i John fa tsy natory. Niantso malefaka tao amin'ny efitranon'i Guitout, nanontany izy hoe, "efa noeritreretinao be be kokoa ve ny resaka nifanaovantsika efabolana lasa izay tany amin'ny seranan-tsambon'i Toamasina?"

Karazana trano manokana ho an'ny Malagasy

"Tena nanaitra ahy ianao raha nanontany ahy hoe raha maniry ny ho pastera," hoy navalin'i Guitout. "Nitondra am-bavaka ho toy ny soso-kevitra avy aminao mikasikaa izany izaho sy Nivo. Kanefa, mahatsapa tsy mendrika ho an'ny zavatra toy izany aho. Heveriko fa tsy hampiasa olona tahaka ahy mihitsy Andriamanitra."

"Nahoana no miteny izany?"

Niahotrahotra i Guitout sady niteny hoe, "azoko antoka fa tsy mety amiko ny ho mompera — na pastera, heveriko fa nolazainao."

Nitodika tany amin'i Guitout John, na dia tsy afaka mahita azy aza izy. "Fantatrao," nanomboka izy, "nihevitra toy izany aho tamin'izao mbola tanora kokoa. Fa hitako fa fahotana ny manome fahatsapana tsy mendrika ny tena."

Nametraka fanontaniana maro mikasika an'Andriamanitra i Guitout tamin'io alina io mandra-pahareraka azy mafy. Rehefa tafatory i Guitout, dia nisaotra an'Andriamanitra i John noho Izy nanokatra ity varavarana ity indray ary nanomana ny tany ho azy aorianaa hitoriany ny filazantsara. Rendriky ny tory izy nandritra ny ora maro. Tampoka teo, nifoha John. Niovotrovotra ny fandrinany ary reny nianjera avy teo amin'ny latabatrakely akaikin'ny fandrinany ny solomasony. Niraparapa nitady izany tamin'ny tany ny tanany. Napetrany taminy indray, niarina izy ary nitodika tany amin'ny jiro mitselatselatra eo akaikin'ny fandrinany. Nasehon' ny famataranandrony ny 2:41 maraina. Nijanona ilay niovotrovotra. "Guitout, inona lay teo?"

Niverina ilay feon'i Guitout te-hatory be, "Tsy fantatro, fa heveriko fa horohoron- tany."

Koa satria ity no horohorontany voalohany natrehan'i John, nanontany izy raha efa mahazatra izany eto Madagasikara. "Tsia," hoy navalin'i Guitout, "tsy mateti-pindranga izao." Niverina nandry indray i John, nisaotra an'Andriamanitra noho ny fiarovany.

Ny andro manaraka, nampahafantatra an'i John ny fianakaviany i Guitout mialohan'ny sakafo atoandro tany an-tranony izy. Ny tena sakafo Malagasy dia aroso amin'ny fomba maro. Nandany ora maro tamin'ny fikarakarana sakafo ny maman'i Guitout sy ny nenitoany. Ny voalohany tonga dia ny endrika salady novolavolaina, arahana antontana vary miaraka amin'ny vozona sy soro-kena voatetika madinika. Tena tian'i John ny resaka nataony tamin'ny fianakaviany nanodidina ny latabatra. Dadan'i Guitout, Henri, dia tena maika mihitsy hiresaka amin'i John mikasika ny fiangonany sy ny fomba fiainany. John, teo anatrehan'izany, nanontany momba ny tantaran'ny fianakavin'i Henri.

"Avy amin'ny taranak'i Zanadralambo ny fianakaviako, izay midika hoe 'zanak'i Ralambo,'" hoy Henri. "Merina izahay. Andeha ho ao ivelany, ary hasehoko anao ny tranondrazanay."

Nanaraka azy tany an-tokotany John izay nampisehoany efitrano iray, voalalotra fotaka mitafo tanimanga. Raha nijery ilay trano bongo kely i John, dia nanontany izy, "Nahoana no mbola tsy rava ity trano ity nandritra izay taona marobe izay?"

"Tsy narodany izy io satria manaja ny razanay efa maty izahay. Tonga teto efa an-taona maro lasa izy ireo, tamin'ny lakana nisy lay, avy any Indonesia."

"Taiza izy ireo no nalevona?" hoy John, nanontany mikasikany fasan'ny fianakaviana.

"Tany ivelan'ny tanan-dehibe," hoy navaliny. "Hasehoko anao indray andro any."

Tamin'ny andro manaraka, nampahafantatra ny tovolahy miaraka aminy tamin'i John i Lanto, Naivo, izay mianatra ho mpanamory fiaramanidina Air Madagascar. Nitondra an'i John tamin'ny fiara Volkswagen keliny nandalo ny toeram-ponenany i Naivo. Raha nitantara tamin'i John ny haratsian'ny ankabezan'ny fiara i Naivo, dia nampijanona ny fiara i Naivo noho ny bisy nandeha mora teo aloha, tena feno mihoatra ny zakany. Raha naka sisiny izy ireo, dia nanamarika i John ny fahitana tena nahavariana. "Jereo," hoy izy tamin'ny fihetseham-po, fihomezehezana sy fanondroana mialoha.

Zava-nitranga hafahafa no nanomboka niseho miadana nampihetsipo raha niala ny kodiarana roa aoriana havian'ilay bisy be izay nipitika moramora tamin'ny vy ihodinan'ny kodiarana ary nikodidia teo afovoan-dalana. Tsara fijadona tamin'ny kodiarany telo ilay bisy niaraka tamin'ny mpandeha tao anatiny izay nihomehy sady nanalava tenda te-hijery ny lafiny ilany izay ahitana zavatra tsy fahita. Nijanona am-pitandremana tamin'ny sisiny nisy ilay bisy i Naivo sady nandalo azy. Nihomehy, hoy i Naivo, "Izany no nilazako momba ny fiaranay Malagasy."

Tamin'ny Sabotsy, Ken Walker, talen'ny zana-paritra Afrika Atsimo Atsinanana, dia tonga nanampy an'i John.

Tamin'ny Alahady, niara-nitarika ny fotoam-bavaka voalohan'ny Fiangonan'ny Nazareana teto Madagasikara ireo misionera roa. Nijoro teo amin'ny efitrano fandraisam-bahin'i Nivo, niaraka tamin'ny namany vaovao Naivo izay nandika teny, dia nitoriteny i John tamin'ireo olona 15 Malagasy.

Indray takariva tao anatin'ny andro vitsivitsy, nahatsapa ny fitarihan'Andriamanitra i John hiresaka amin'i Guitout momba ny hanoloran'ny tena ho an'i Kristy. Nipetraka tao amin'ny efitrano fandriany izy, niresaka tamin'ny Tompo. "Ampio aho mba hampita ny filazatsara mazava tsara mba hahatonga an'i Guitout hahazo izany tsara. Iraho ny anjelinao hiaro anay tsy ho voahelingelina." Nahatsapa fa nahazo antoka, dia niantso an'i Ken John ary nangataka azy mba hanampy azy hijoro vavolombelona amin'i Guitout.

Nitady fahalalana tamin'ny boky izay novakiany tao amin'ny efitrano fandraisam- bahiny i Guitout. Nanomboka niresaka ny amin'ny foto-pinoana ara-pivavahana niavian'i Guitout izy ireo dia ny fiangonana Katolika Romana. Avy eo dia nanontany azy fanontaniana voalohany amin'ny roa i John nanadihady azy ny fiheverany ny fiainana aorian'ny fahafatesana.

"Guitout, ianao ve efa tonga tamin'ny dingan'ny fiainanao ara-panahy izay ahazoana antoka fa raha sanatria ho faty ianao anio alina, dia ho any an-danitra?"

Nipetraka moramora i Guitout, nieritreritra. Niandry John fa i Ken kosa nivavaka mangina. "Tsia, tsy mino izany aho," no navalin'i Guitout.

Nametraka fanontaniana hafa indray John. Nahatsapa ny fitarihan'ny Fanahy Masina izy, dia nanohy hatrany ny fitoriana ny filazantsara. Nametraka fanontaniana i Guitout teny anelanelany teny, ary namaly izany tamim-pitandremana i John sy Ken, nampiasa Soratra Masina sady nampiasa fanazavana an-tsary.

Dimy amby efapolo minitra taty aoriana, niteny John hoe, "Guitout, nandre anay nanazavara momba ny fahasoavana, taranak'olombelona, Andriamanitra, Kristy, finoana, ary fibebahana. Misy dikany aminao izany?"

Nanozongozona ny lohany i Guitout sady niteny hoe, "Eny."

"Tianao ve ny handray ny fanomezan'Andriamanitra ny fiainana mandrakizay amin'izao fotoana izao?"

Namerina nanozongozona ny lohany indray i Guitout, ary namerina ny dingana handraisana an'i Kristy ho mpamonjy i John. Nanondrika ny lohany ireo lehilahy telo raha nivavaka ho an'ny fanapahan-kevitra lehibe izay efa ho raisininy i Guitout. Avy eo dia nangataka an'i Guitout i John mba hivavaka, hamerina ny teny lazain'i John. Niarapaly izy telolahy rehefa nahavita ny vavaka i Guitout. Nivavaka aindray John —vavaka fisaorana. Nanome toro-marika ny fomba fiainana ho an'ny mpino vao nateraka indray i Ken.

Taorian'ny herinandro ny fihaonan'i John tamin'ireo, dia nandeha niverina tany Swaziland i Ken tamin'ny Sabotsy maraina. Tamin'io alina io, dia nihazona antoko mpihira tampotampoka i John tao an-tranon'ny anabavin'i Guitout, Biki, sy ny vadiny, Patrice. Nony maraina, dia nitarika fotoam-bavaka Nazareana faharoa i John, tamin'ity fotoana ity dia 25 ny mpanatrika, tao an-tranon'i Guitout. Niverina indray, Naivo ihany no nandika teny ho azy. Hita tamin'ny tarehin'i John tokoa ny fientanentanana. Namiratra ny endrik'i Guitout. Nanaraka ny toriteniny, nilaza i John fa mandra-piveriny indray, dia tsy hisy fotoam-bavaka alahady maraina intsony, fa natao kosa ny fandaminana mba itarihan'i Mamy fianarana Baiboly rehefa Sabotsy.

Tamin'io hariva io, niara-nandeha tamin'i Guitout i John ary nisy havana nasaina koa nandeha tany amin'ny seranam-piaramanidina hanao veloma an'i Nivo, izay handeha hianatra any France hanohy ny fianarana nataony. Teo amin'ny efitrano fandraisam- bahiny iainga, nangataka an'i John hivavaka ho azy i Nivo mba hataon' Andriamanitra hahita fiangonana Nazareana any France izy mba hananany sakafom- panahy sy fiombonana. Niteny izy fa hihaona amin'i John sy Sandy rehefa tonga any France hianatra teny izy mandritra ny heritaona sy tapany.

Nanaraka lamasinina nandeha tany Antsirabe aho, adiny efatra mianatsimo, nanontany an' i John i Mamy mba hanome hafatra vavaka fanoloran-tena halefa amin'ny ATN. Raha nanoratra ny hafatra tamin'ny teny Anglisy i John, nahatsapa ny fanatrehan' Andriamanitra hanampy azy hampita hafatra i John. Nahatsapa ny fankatoavana sy ny faneken'ny tsirairay ao amin'ny ATN izy raha niresaka ny fitiavan'Andriamanitra tamin'ireo mpihaino tsy hita maso.

Nony maraina vao tamin'ny 5 ora, Guitout, Patrice, Naivo, ary Lanto no niaraka tamin'i John tany amin'ny seranam-piaramanidina iraisam-pirenena. "Veloma," niteny tamin'ny feo kendakenda i John niaraka amin'ny sakatsakana tao amin'ny tendany. " Hivavaka ho anareo aho ary efa miomana ho an'ny diako manaraka sahady handeha aty Madagasikara." Nifamihana izy ireo, niodina izy ary nanao dingan-dava nankeo amin'ny vavahadin'ny fisavana pasipaoro.

Tao amin'ny fiaramanidina, avo ambonin'ny faritra andrefana amin'ny morontsiraka, nijery ambany i John. Nameno ny tavany ny ranomaso raha nisitrika tany ambadika ny morontsikara. Nisy tononkira efa taloha tonga tao antsainy, ary nanomboka nihira azy izy hoe, "navelako any Madagasikara ny foko."

9

Ilay Fanamby

Janoary sy Marsa 1993

Nanampy dia roa hafa i John mba hiasana amin'ny fanoratana anarana ny fiangonana. Nandritry ny dia tamin'ny Janoary 1993, nifankahalala tamin'i Richard sy Therese i John, izay liana tamin'ny foto-pampianarana ny fahamasinana manontolo. Nandika teny i Guitout rehefa nanazava i John. Nilaza ny mpivady tanora fa azony tsara izany ary naniry hampihatra izany ho azy. Nitodika tany amin'i Guitout i John ary nanontany raha te hiaina izany asa faharoa ny fahasoavana izany izy. Nitsiky sy nanaiky i Guitout. Nitarika vavaka fanokanana sy fanoloran-tena i John. Rehefa nitsiky am-pamenarana ny zanany vavy, Sarah, ny ray amandreniny kosa, niaraka tamin'i Guitout sy John, niara-nidera an'Andriamanitra.

Nandritry io dia io ihany koa, nanomboka nanadihady ny fomba mahamety ny fanombohana fandaharana Frantsay amin'ny radio i John. Nanantona mpihira Malagasy fantadaza maromaro izy, nanontaniany raha afaka ampiasain'ny fiangonany ireo hira. Na ahoana na ahoana, eny ny valiny.

Nanambara ny toeram-pandraisana feo fa afaka ampiasaina ny mozikany sady tsy misy sarany.

Kristiana Malagasy miaraka amin'i John sy Sandy

Ny Marsa 1993, voalohany niaraka tamin'i John i Sandy. Nanao ny diany faharoa koa i Ken Walker. Nampiantrano an'i Mike Fraer tamin'ny hatsaram-panahy izy, izay efa niasa roa taona niaraka tamin'ny masoivoho Amerkanina, ary ny vadiny, Terri, zanaka sy zafiafy efa hatramin'ny ela, Nazareana mahatoky. Navelan'i Mike ampiasainy ny 4 x 4 izay ao anatin'ny "asa misionerany".

Nandamina fotoana hafa i John hitsidihana an'i Richard sy Therese. Rehefa tonga izy, niaraka tamin'i Sandy sy Ken, Therese sy Sarah no tao. Richard lasa nandeha niasa iraka amin'ny maha mpampianatra matematika sy fizika any amin'ny sekoly lysea an-jato kilometatra miala an'i Tana.

Nijoro vavolombelona Therese amin'ny fomba nahatonga azy sy Richard voamasina manontolo noho ilay fitsidihana nataon'i John teo aloha ary izao mamela ampifaliana ny Fanahy Masina mitarika ny fiainany.

"Manam-potoana hihinana mofomamy ve ianao?" hoy izy nanontany.

"Mazava ho azy."

"Afaka mihira fiverenan-kira ve isika mialohan'ny hihinanana?"

"Eny," navalin'i John, "inona ny fiverenan-kira tianao hiraina?"

"Afaka hiraintsika ve ilay fiverenan-kira nampianarinao tamin'ny Alahady, 'Avia Fanahy Masina, mila Anao aho'?"

Miaraka amin'ny feon'izy ireo miara-mihira sy ny ranomaso milatsaka amin'ny tavany, Therese, Sandy, John, ary Ken niara-nihira sy niara-nidera an'Andriamanitra.

"Azonao atao ve ny manoratra sy manontany ny vadinao raha niteny taminy Andriamanitra mahakasika ny fitorianteny?" hoy i Ken nanontany an'i Therese.

"Tsy mila manontany azy aho," hoy izy. "Efa fantatro ny valiny fa eny." Nitsiky izy. "Ny tena marina, efa mandeha mitety tanana sy trano izy mitory ny Filazantsara. Nambarany tamiko fa maro ireo mbola tsy naheno mihitsy an'i Jesosy Kristy na ny Fanahy Masina."

Raha nandeha niverina tery ampitan'ny lakandranon'ny tanimbary misy ny 4x4 ireo misionera telo, dia nifaly izy ireo ny amin'ny valim-bavaka hafa.

Tamin'ny 1 Aprily 1993, niverina tany King William, Afrika Atsimo, tonga dia nanokatra taratasy avy tamin'i Richard i John sy Sandy ary namaky ny fomba nitenenan'Andriamanitra tamin'izy ireo sy ny fomba mahatonga azy ireo naniry ho mpikambana voalohany amin'ny Nazareana any Madagasikara.

Manaraka izay, taratasy avy tamin'i Therese no nosakafana. Ampifaliana novakiany ny teniny, "Nantsoin'i Tompo ho pasitera amin'ny Fiangonan'ny Nazareana aho."

Nanomboka teo ny Fiangonan'ny Nazareana any Madagasikara.

Fehin-tantara

Efa novakinao ny tantaran'ny razamben'i Ralambo sy ny taranany ary ny antso ho an'i Madagasikara tsapan'ny Misionera John Cunningham. Efa renao ny mahakasika ilay fihaonana mahagaga niaraka tamin'i Guitout, taranak'i Ralambo, sy ny fiovam-pony miavaka.

Efa hitanao ny toe-javatra mampalahelo ireo ankizy amoron-dalana. Fantatrao ny fomba niarovan'Andriamanitra an'i John nandritry ny fanafihana arahan'antsy. Nianatra ianao ny fiasan'ny Fanahy Masina tamin'ny fiainan'i Guitout, Richard, ary Therese. Ankehitriny miankina aminao ny mivavaka sy manome araka ny fitarihan'Andriamanitra.

Lehibe ny filàna —Malagasy 5. 5 tapitrisa no mbola tsy naheno mihitsy an'i Jesosy. Ny ankabeazany mbola voafatotry ny fivavahana amin'ny razana.

Voafafy ny voa. Fotoam-bavaka maro no nitranga. Nanaiky an'i Kristy i Guitout ary nofenoin'i Fanahy Masina. Mitarika fianarana Baiboly i Mamy. Na izany aza, raha tsy nisy misionera monina tao, dia tsy inoana fa nitsangana ny fiangonana.

Mivavaha mba ho voasoratra soamantsara ny Fiangonan'ny Nazareana any Madagasikara.

Mivavaha mba ho an'ny aro sy fahasalamana tsara an'i John sy Sandy rehefa mianatra ny fomba fiteny any Frantsa sy manomana ny fifindrana any amin'ilay Nosy Mena.

Mivavaha ho an'ireo zanany vavy mbola tanora, izay alefa an'i Kenya, Afrika Atsinanana, hianatra any nohon'ny tsy fahampian'ny fianarana miteny Anglisy any Madagasikara.

Mivavaha ho an'ny fanombohana fandaharana amin'ny radio amin'ny teny Frantsay ary ho an'ny mpandahateny mba hanambara ampamhombiazana ny hafatry ny fahamasinana.

Mivavaha mba ho marina amin'i Jesosy hatrany i Guitout ary mba hizara ny vaovao mahafaly ny famonjena amin'ny hafa.

Mivavaha mba hanohy hamporisika an'i Richard sy Therese hatrany mba homba azy Andriamanitra amin'ny fizarany ny finoana sy ny fanaovany pasiteran'ny Fiangonan'ny Nazareana.

Mivavaha ho an'ny hafa (na ianao) mba haheno sy hankato ny antson'Andriamanitra handeha ho an'i Madagasikara hanampy amin'ny asa fanompoana amin'ny mponina Malagasy.

Tohizo ny fanomezana ho an'ny vola ho an'ny Iraka Fitoriana Filazantsara eran-tany mba ahafahan'i Cunninghams, sy ny hafa tahaka azy ireo, mialoha lalana amin'ny tany vaovao toa an'i Madagasikara.